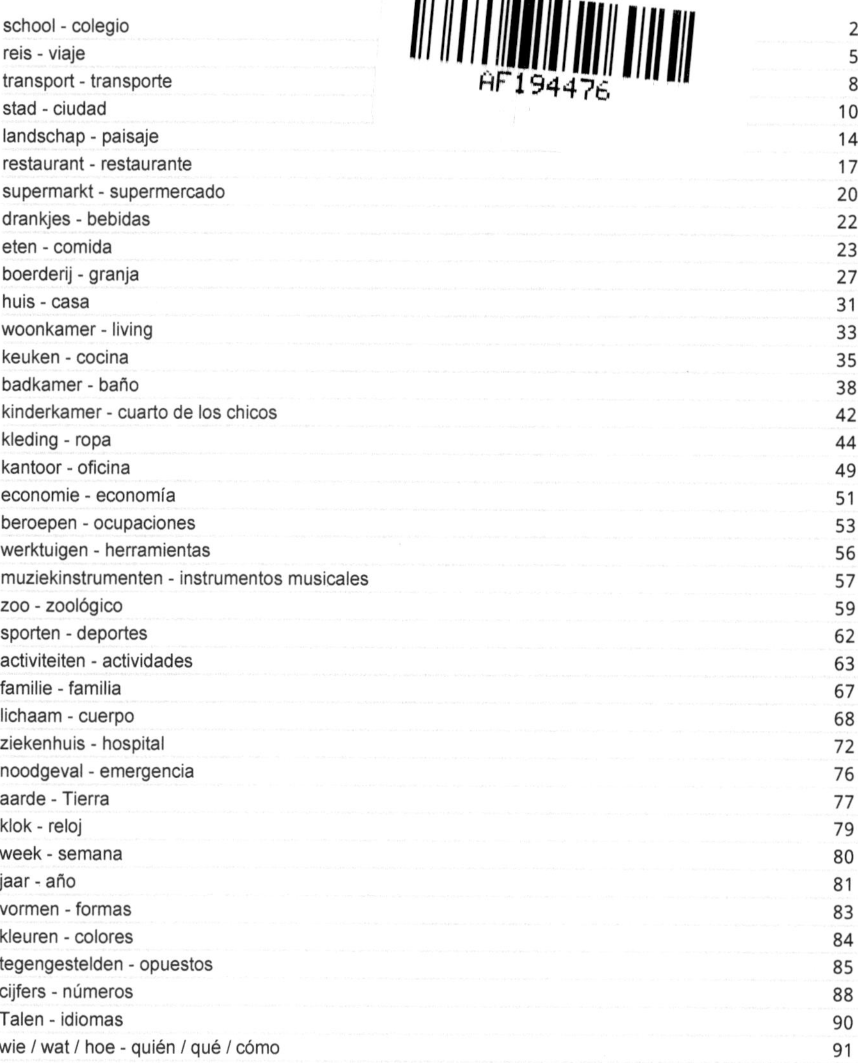

Impressum
Verlag: BABADADA GmbH, Nedderfeld 112 , 22529 Hamburg
Geschäftsführer / Verlagsleitung: Harald Hof
Druck: Books on Demand GmbH, In de Tarpen 42, 22848 Norderstedt

Imprint
Publisher: BABADADA GmbH, Nedderfeld 112 , 22529 Hamburg, Germany
Managing Director / Publishing direction: Harald Hof
Print: Books on Demand GmbH, In de Tarpen 42, 22848 Norderstedt

school
colegio

klaslokaal
aula

delen
dividir

186/2

speelplaats
patio de escuela

bord
pizarrón

leerkracht
maestro

papier
papel

schrijven
escribir

pen
birome

bureau
escritorio

liniaal
regla

boek
libro

leerling
alumno

schooltas
mochila

pennenzak
caja de lápices

potlood
lápiz

puntenslijper
sacapuntas

gom
goma (de borrar)

tekenblok
bloc de dibujo

tekening

dibujo

verfborstel

pincel

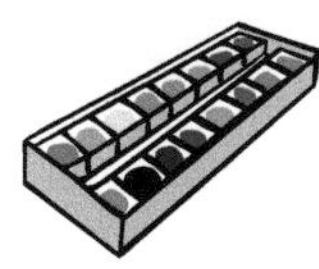

verfdoos

caja de pinturas

schaar

tijera

lijm

pegamento

werkboek

cuaderno de ejercicios

huiswerk

tarea

nummer

número

2+2

optellen

sumar

aftrekken

restar

vermenigvuldigen

multiplicar

rekenen

calcular

letter

letra

alfabet

abecedario

woord

palabra

tekst

texto

Lezen

leer

krijt

tiza

les

lección

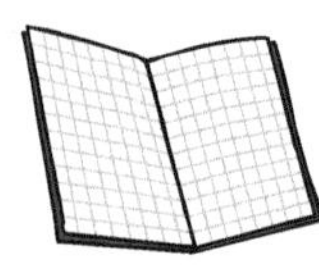

klassenboek

cuaderno de clase

examen

examen

certificaat

certificado

schooluniform

uniforme escolar

onderwijs

educación

encyclopedie

enciclopedia

universiteit

universidad

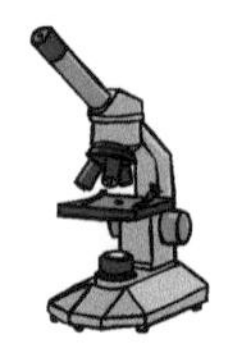

microscoop

microscopio

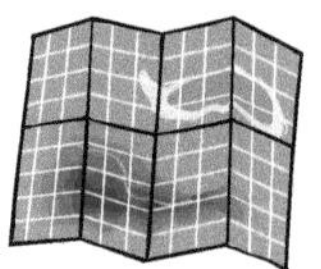

kaart

mapa

papiermand

tacho (de basura)

reis
viaje

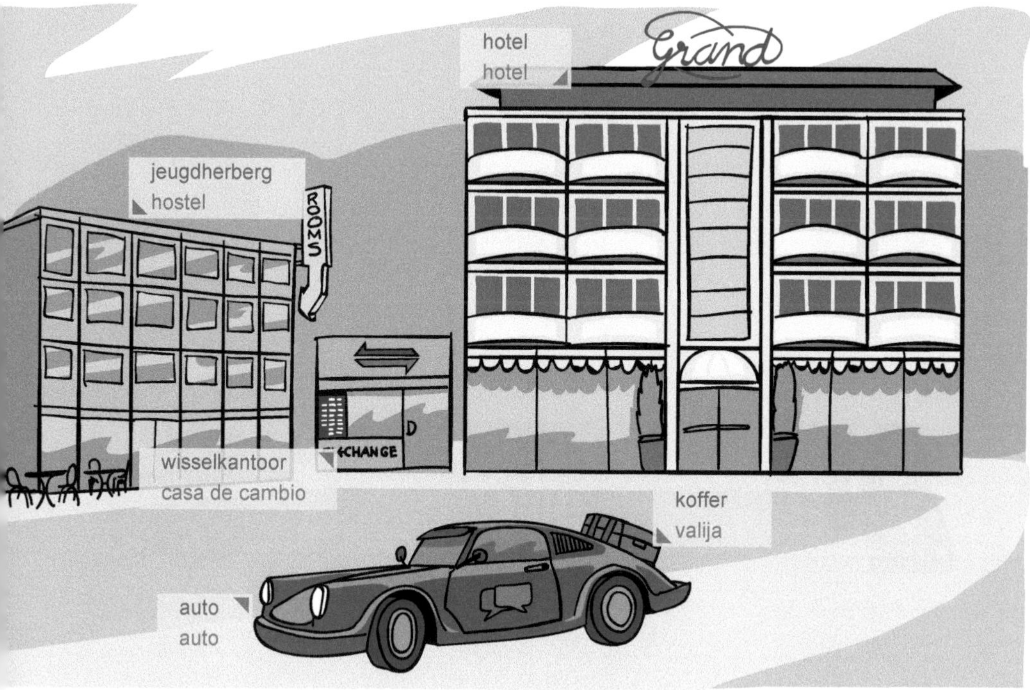

hotel
hotel
Grand
jeugdherberg
hostel
ROOMS
wisselkantoor
casa de cambio
koffer
valija
auto
auto

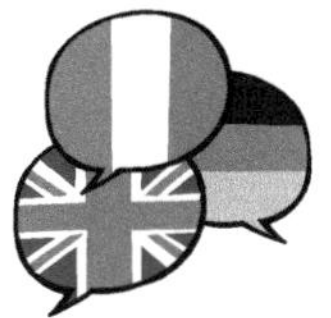

Taal

idioma

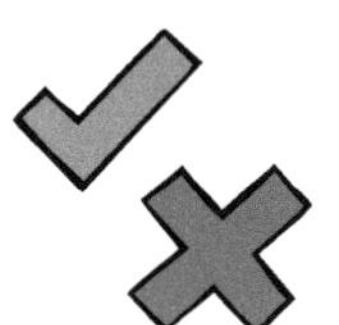

ja / nee

sí / no

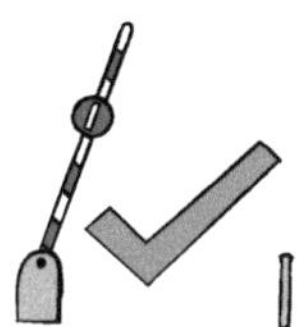

oké

Está bien

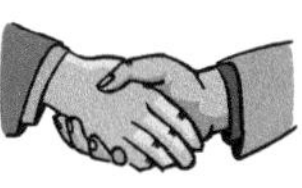

hallo

hola

vertaler

traductor

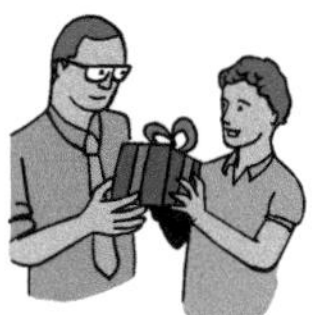

bedankt

Gracias

Hoeveel kost …?

¿cuánto cuesta…?

Ik begrijp het niet

No entiendo

probleem

problema

Goedenavond!

¡Buenas tardes!

Goedemorgen!

¡Buenos días!

Goedenavond!

¡Buenas noches!

Tot ziens

adiós

richting

dirección

bagage

equipaje

zak

bolso

rugzak

mochila

gast

invitado

kamer

habitación

slaapzak

bolsa de dormir

tent

carpa

toeristeninformatie

información turística

strand

playa

kredietkaart

tarjeta de crédito

ontbijt

desayuno

lunch

almuerzo

avondeten

cena

ticket

pasaje

lift

ascensor

postzegel

sello

grens

frontera

douane

aduana

ambassade

embajada

visum

visa

paspoort

pasaporte

transport
transporte

vliegtuig
avión

schip
barco

brandweerwagen
autobomba

bus
colectivo

vrachtwagen
camión

motorboot
lancha a motor

fiets
bicicleta

auto
auto

veerboot

ferry

boot

bote

motor

moto

politiewagen

patrullero

racewagen

auto de carreras

huurauto

auto de alquiler

carpoolen

alquiler de autos

sleepwagen

grúa

vuilniswagen

camión de basura

motor

motor

benzine

nafta

benzinestation

estación de servicio

verkeersbord

señal de tránsito

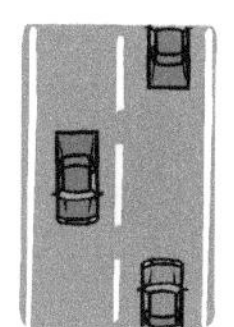

verkeer

tránsito

file

embotellamiento

parkeerplaats

estacionamiento

station

estación de tren

sporen

vías

trein

tren

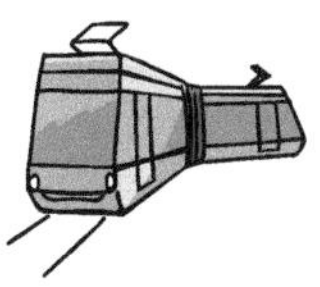

tram

tranvía

wagon

vagón

helikopter

helicóptero

luchthaven

aeropuerto

toren

torre

passagier

pasajero

container

contenedor

karton

caja de cartón

kar

carretilla

mand

canasta

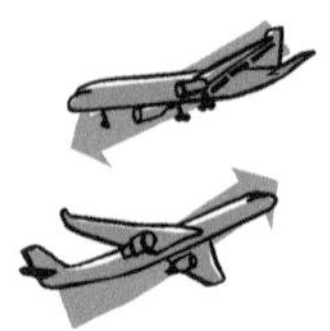

opstijgen / landen

despegar / aterrizar

stad

ciudad

dorp

pueblo

stadscentrum

centro de ciudad

huis

casa

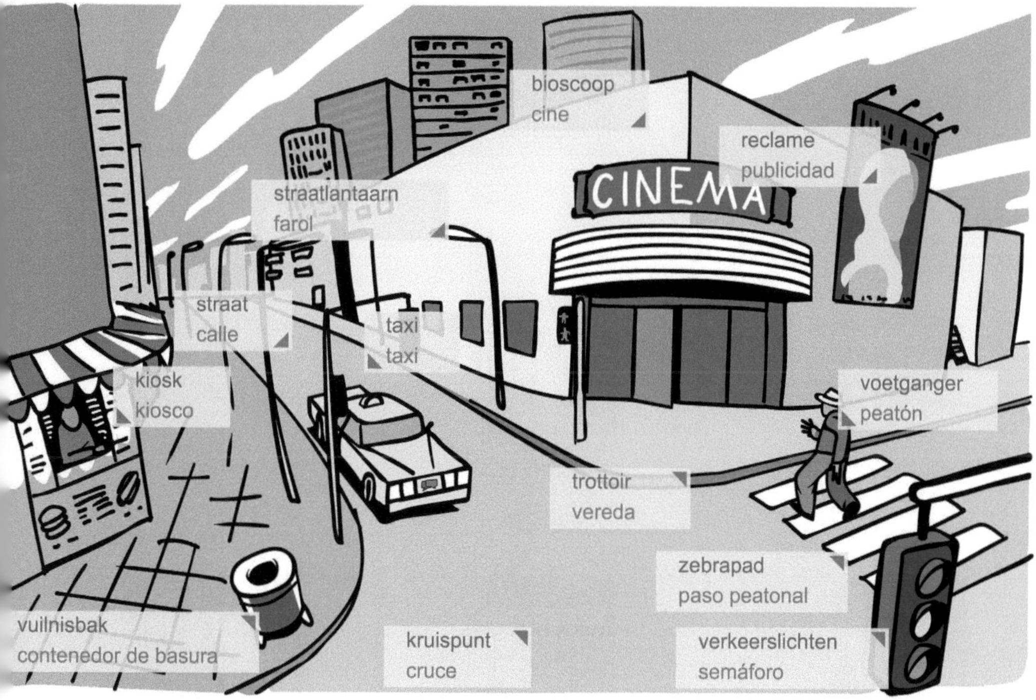
bioscoop
cine
reclame
publicidad
CINEMA
straatlantaarn
farol
straat
calle
taxi
taxi
kiosk
kiosco
voetganger
peatón
trottoir
vereda
zebrapad
paso peatonal
vuilnisbak
contenedor de basura
kruispunt
cruce
verkeerslichten
semáforo

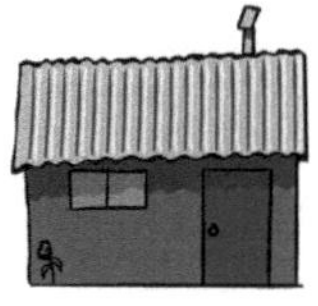

hut

cabaña

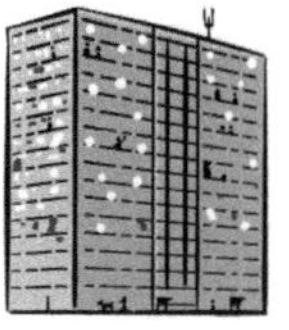

woning

departamento

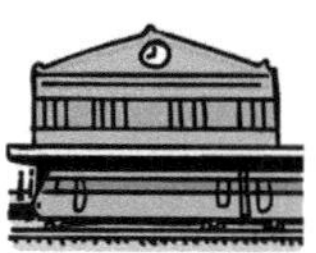

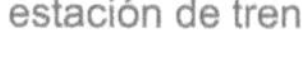

station

estación de tren

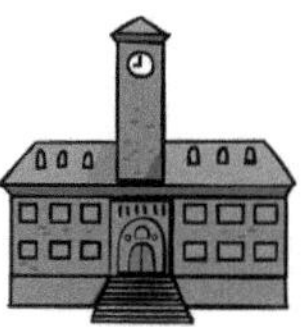

stadshuis

municipalidad

MUSEUM

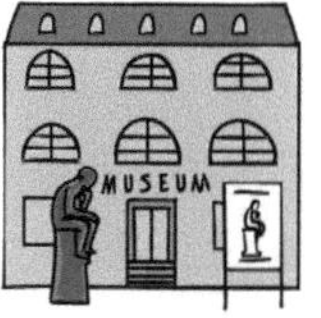

museum

museo

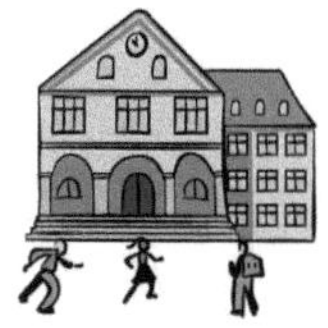

school

colegio

universiteit

universidad

bank

banco

ziekenhuis

hospital

hotel

hotel

apotheek

farmacia

kantoor

oficina

boekwinkel

librería

winkel

negocio

bloemenwinkel

florería

supermarkt

supermercado

markt

mercado

warenhuis

grandes tiendas

vishandelaar

pescadería

winkelcentrum

centro comercial

haven

puerto

park
....
parque

bank
....
banco

brug
....
puente

trap
....
escaleras

metro
....
subte

tunnel
....
túnel

bushalte
....
parada del colectivo

bar
....
bar

restaurant
....
restaurante

brievenbus
....
buzón

straatnaambord
....
letrero

parkeermeter
....
parquímetro

zoo
....
zoológico

zwembad
....
pileta

moskee
....
mezquita

boerderij

granja

milieuverontreiniging

contaminación

kerkhof

cementerio

kerk

iglesia

speelplaats

juegos infantiles

tempel

templo

landschap

paisaje

blad
hoja

wegwijzer
poste indicador

weg
camino

weide
pradera

steen
piedra

boom
árbol

wandelaar
excursionista

rivier
río

gras
hierba

bloem
flor

vallei

valle

heuvel

montaña

meer

lago

bos

bosque

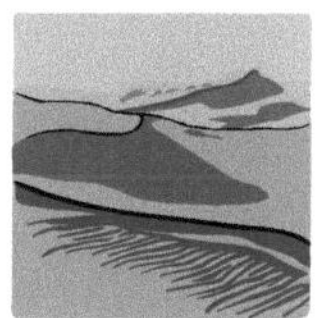

woestijn

desierto

vulkaan

volcán

kasteel

castillo

regenboog

arco iris

paddenstoel

champiñón

palmboom

palmera

mug

mosquito

vlieg

mosca

mier

hormiga

bijl

abeja

spin

araña

kever

escarabajo

kikker

rana

eekhoorn

ardilla

egel

erizo

haas

liebre

uil

lechuza

vogel

pájaro

zwaan

cisne

wild zwijn

jabalí

hert

ciervo

eland

alce

dam

presa

windturbine

aerogenerador

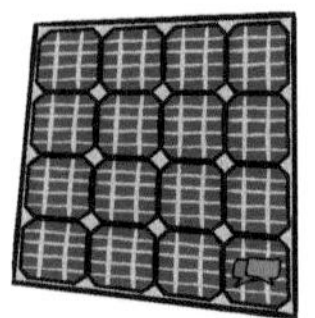

zonnepaneel

panel solar

klimaat

clima

restaurant
restaurante

ober
mozo

menu
menú

stoel
silla

soep
sopa

pizza
pizza

tafelkleed
mantel

bestek
cubiertos

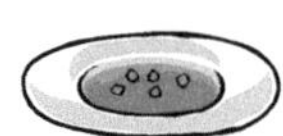

voorgerecht

entrada

hoofdgerecht

plato principal

nagerecht

postre

drankjes

bebidas

eten

comida

fles

botella

fastfood

comida rápida

street food

comida callejera

theepot

tetera

suikerpot

azucarera

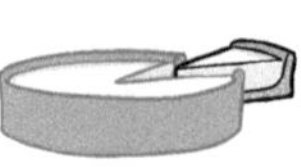

portie

porción

espressomachine

cafetera expreso

kinderstoel

sillita alta

rekening

cuenta

dienblad

bandeja

mes

cuchillo

vork

tenedor

lepel

cuchara

theelepel

cucharita

serviette

servilleta

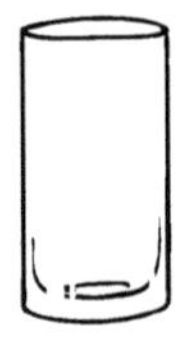

glas

vaso

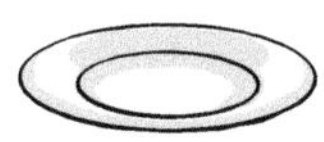

bord

plato

soepbord

plato hondo

schoteltje

plato

saus

salsa

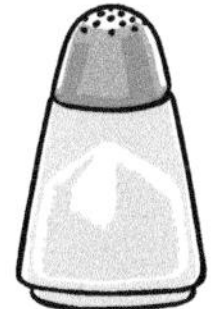

zoutvatje

salero

pepermolen

molinillo de pimienta

azijn

vinagre

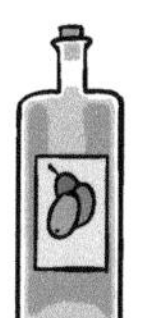

olie

aceite

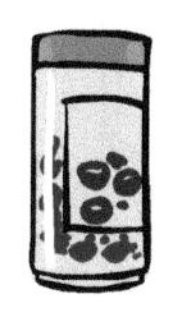

kruiden

especias

ketchup

kétchup

mosterd

mostaza

mayonaise

mayonesa

supermarkt
supermercado

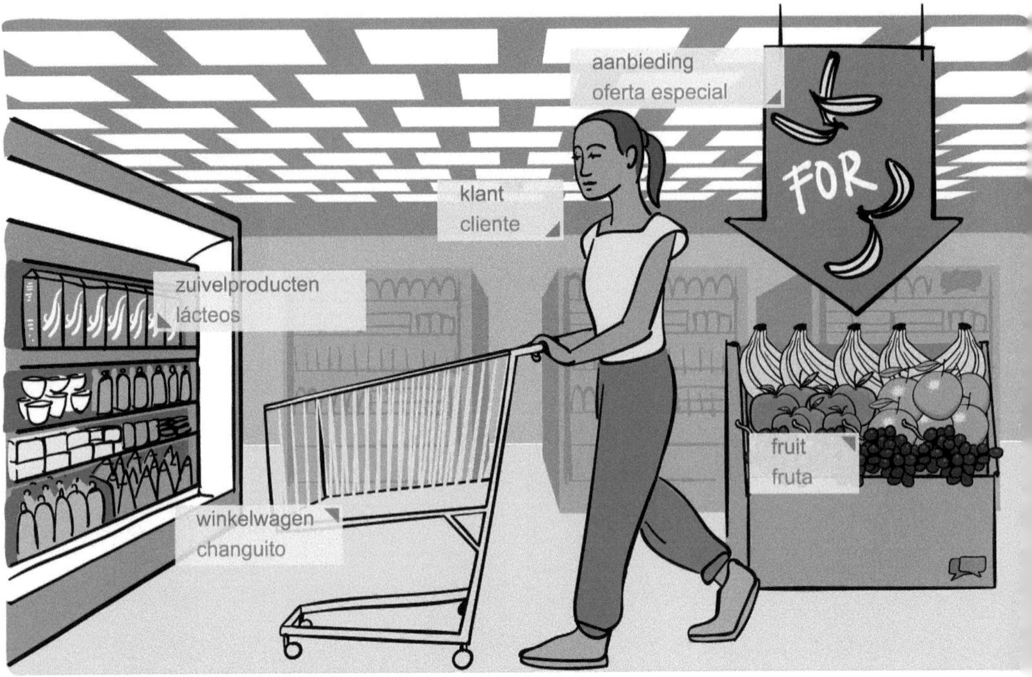

aanbieding
oferta especial
FOR
klant
cliente
zuivelproducten
lácteos
fruit
fruta
winkelwagen
changuito

BUTCHERS

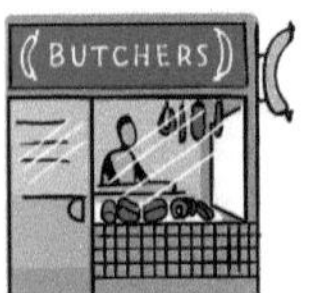

slagerij

carnicería

BAKERY

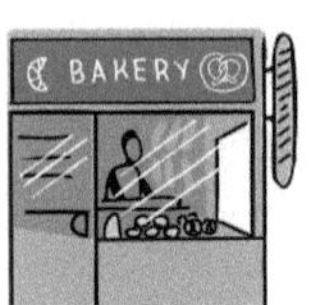

bakkerij

panadería

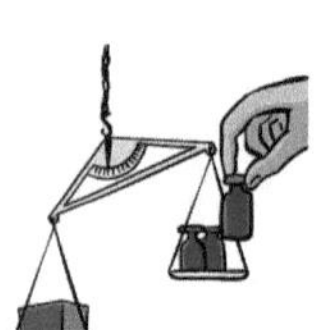

wegen

pesar

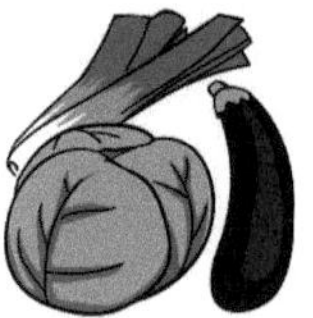

groenten

verduras

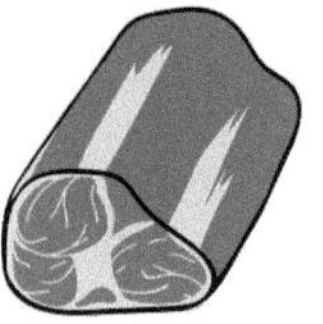

vlees

carne

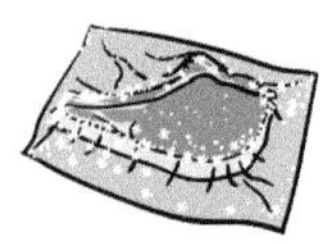

diepvriesvoedsel

alimentos congelados

charcuterie

fiambres

conserven

alimentos enlatados

waspoeder

detergente en polvo

snoep

golosinas

huishoudproducten

electrodomésticos

schoonmaakproducten

productos de limpieza

verkoopster

vendedora

kassa

caja

kassier

cajero

boodschappenlijstje

lista de compras

openingstijden

horario de atención

portefeuille

billetera

kredietkaart

tarjeta de crédito

tas

cartera

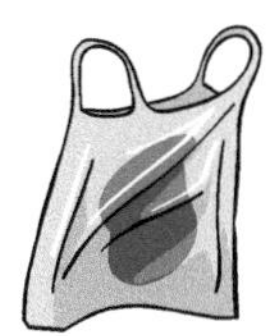

plastieken zakje

bolsa de plástico

drankjes
bebidas

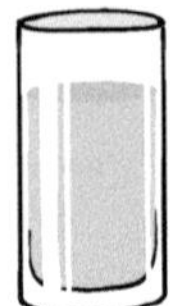

water

agua

sap

jugo

melk

leche

cola

bebida cola

wijn

vino

bier

cerveza

alcohol

alcohol

cacao

cacao

thee

té

koffie

café

espresso

café expreso

cappuccino

cappuccino

eten
comida

banaan
....
banana

appel
....
manzana

sinaasappel
....
naranja

meloen
....
melón

citroen
....
limón

wortel
....
zanahoria

knoflook
....
ajo

bamboe
....
bambú

ajuin
....
cebolla

champignon
....
champiñón

noten
....
nueces

noodles
....
fideos

spaghetti

tallarines

rijst

arroz

salade

ensalada

frieten

papas fritas

gebakken aardappelen

papas fritas

pizza

pizza

hamburger

hamburguesa

sandwich

sándwich

kalfslapje

churrasco

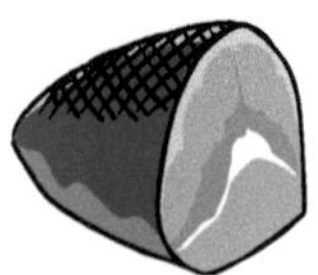

ham

jamón

salami

salame

worst

salchicha

kip

pollo

braden

asado

vis

pescado

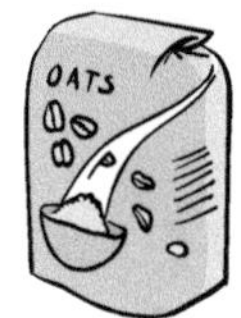

havervlokken

copos de avena

muesli

muesli

cornflakes

copos de maíz

bloem

harina

croissant

medialuna

pistolet

pancito

brood

pan

toast

tostada

koekjes

galletitas

boter

manteca

kwark

cuajada

taart

torta

ei

huevo

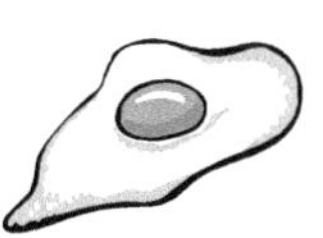

spiegelei

huevo frito

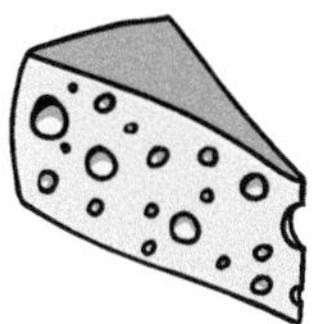

kaas

queso

ijs

helado

suiker

azúcar

honing

miel

confituur

mermelada

choco

pasta de chocolate

curry

curry

boerderij
granja

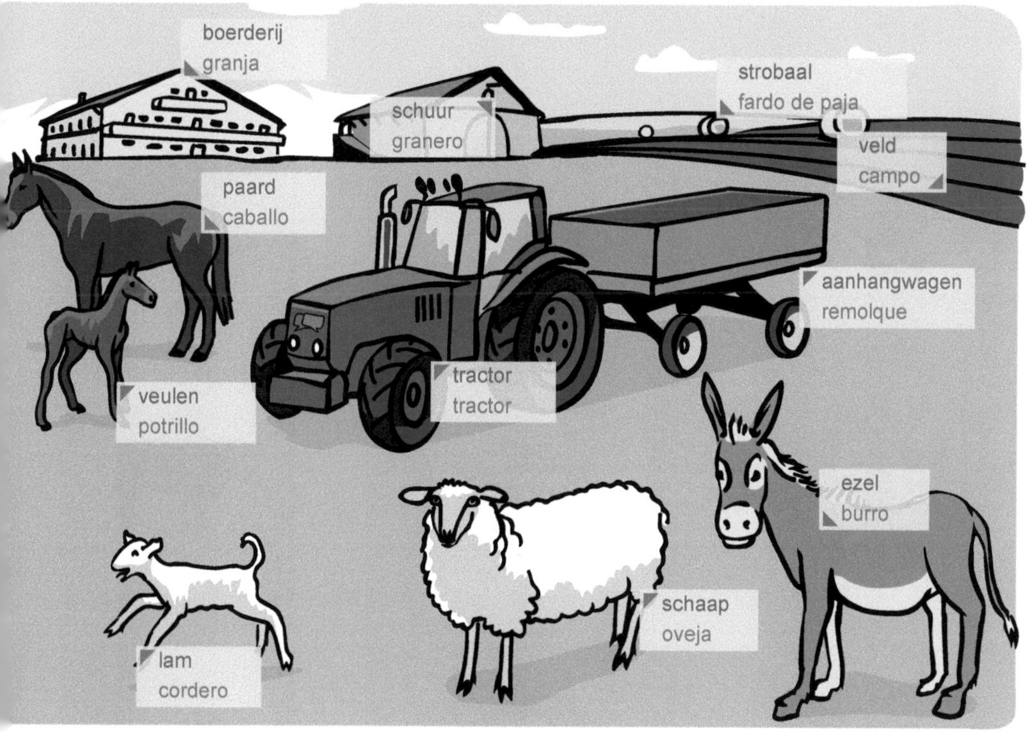

boerderij
granja

schuur
granero

strobaal
fardo de paja

veld
campo

paard
caballo

aanhangwagen
remolque

tractor
tractor

veulen
potrillo

ezel
burro

schaap
oveja

lam
cordero

geit

cabra

koe

vaca

kalf

ternero

varken

cerdo

biggetje

lechón

stier

toro

gans

ganso

eend

pato

kuiken

pollo

kip

gallina

haan

gallo

rat

rata

kat

gato

muis

ratón

os

buey

hond

perro

hondenhok

cucha

tuinslang

manguera

gieter

regadera

zeis

guadaña

ploeg

arado

sikkel

hoz

schoffel

azada

hooivork

horquilla

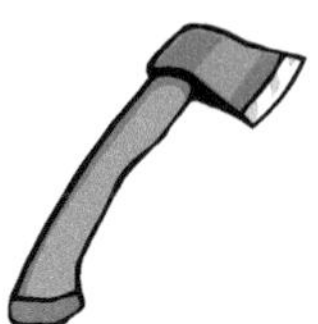

bijl

hacha

kruiwagen

carretilla

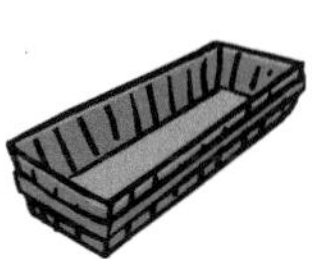

trog

abrevadero

melkkan

lechera

zak

bolsa

hek

reja

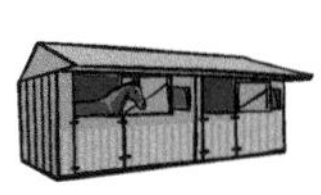

stal

establo

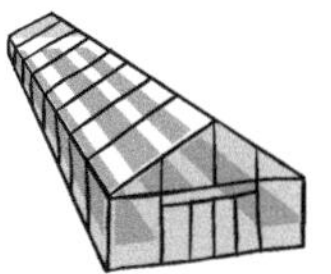

broeikas

invernadero

bodem

suelo

zaad

semilla

mest

fertilizador

maaidorser

cosechadora

oogsten

cosechar

oogst

cosecha

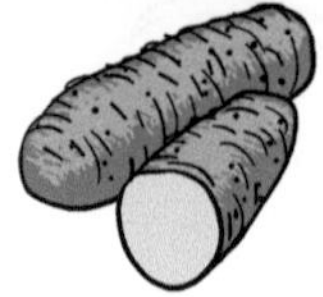

yam

batatas

tarwe

trigo

soja

soja

aardappel

papa

maïs

maíz

koolzaad

semilla de colza

fruitboom

árbol frutal

maniok

mandioca

graan

cereales

huis
casa

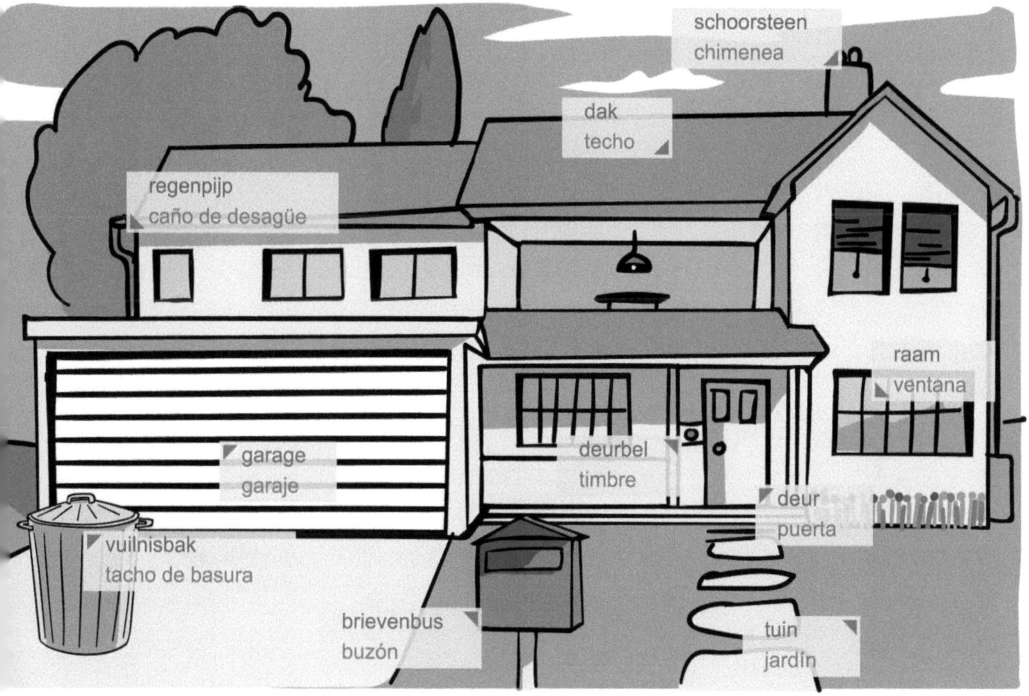

schoorsteen
chimenea

dak
techo

regenpijp
caño de desagüe

raam
ventana

garage
garaje

deurbel
timbre

deur
puerta

vuilnisbak
tacho de basura

brievenbus
buzón

tuin
jardín

woonkamer

living

badkamer

baño

keuken

cocina

slaapkamer

dormitorio

kinderkamer

cuarto de los chicos

eetkamer

comedor

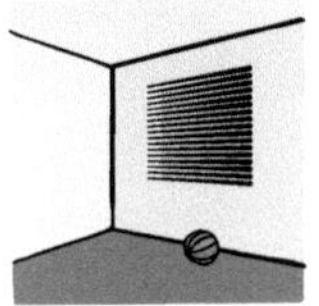

vloer

piso

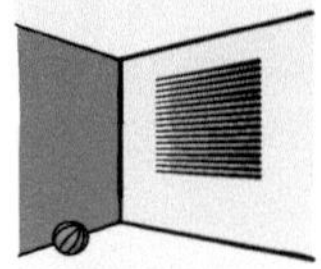

muur

pared

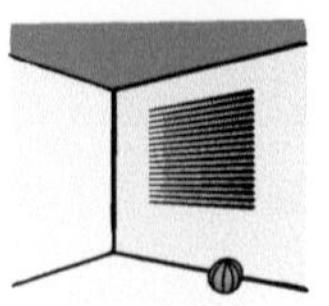

plafond

cielorraso

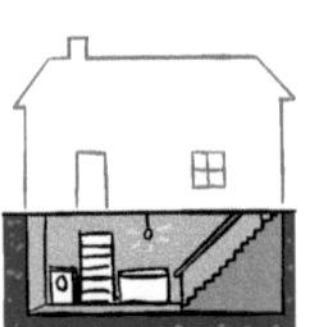

kelder

sótano

sauna

sauna

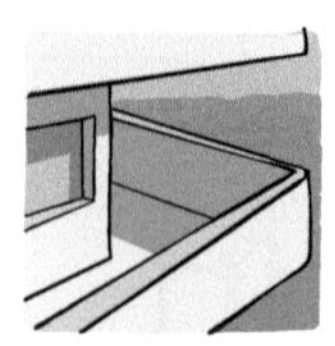

balkon

balcón

terras

terraza

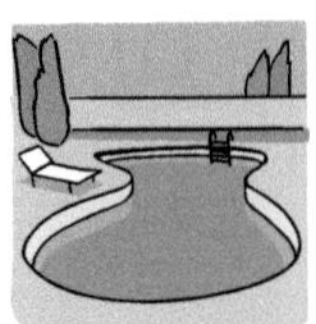

zwembad

pileta

grasmaaier

cortadora de pasto

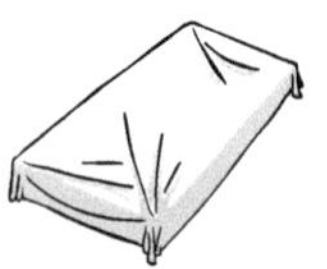

dekbedovertrek

sábana

dekbed

acolchado

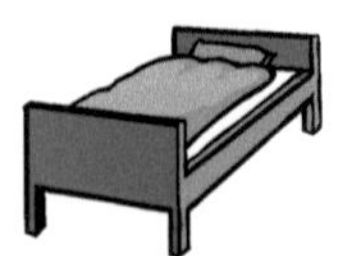

bed

cama

bezem

escoba

emmer

balde

schakelaar

interruptor

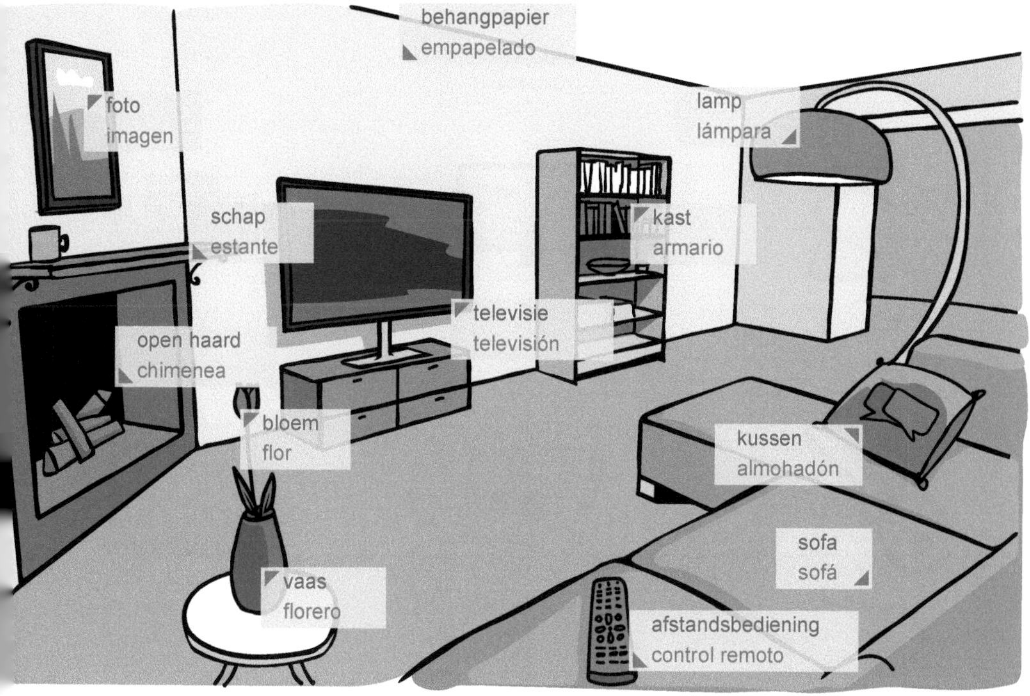

woonkamer
living

behangpapier
empapelado

foto
imagen

lamp
lámpara

schap
estante

kast
armario

televisie
televisión

open haard
chimenea

bloem
flor

kussen
almohadón

sofa
sofá

vaas
florero

afstandsbediening
control remoto

mat
alfombra

gordijn
cortina

tafel
mesa

stoel
silla

schommelstoel
mecedora

fauteuil
sillón

boek

libro

deken

frazada

decoratie

decoración

brandhout

leña

film

película

stereo-installatie

equipo de música

sleutel

llave

krant

diario

schilderij

pintura

poster

póster

radio

radio

notitieboekje

cuaderno

stofzuiger

aspiradora

cactus

cactus

kaars

vela

keuken
cocina

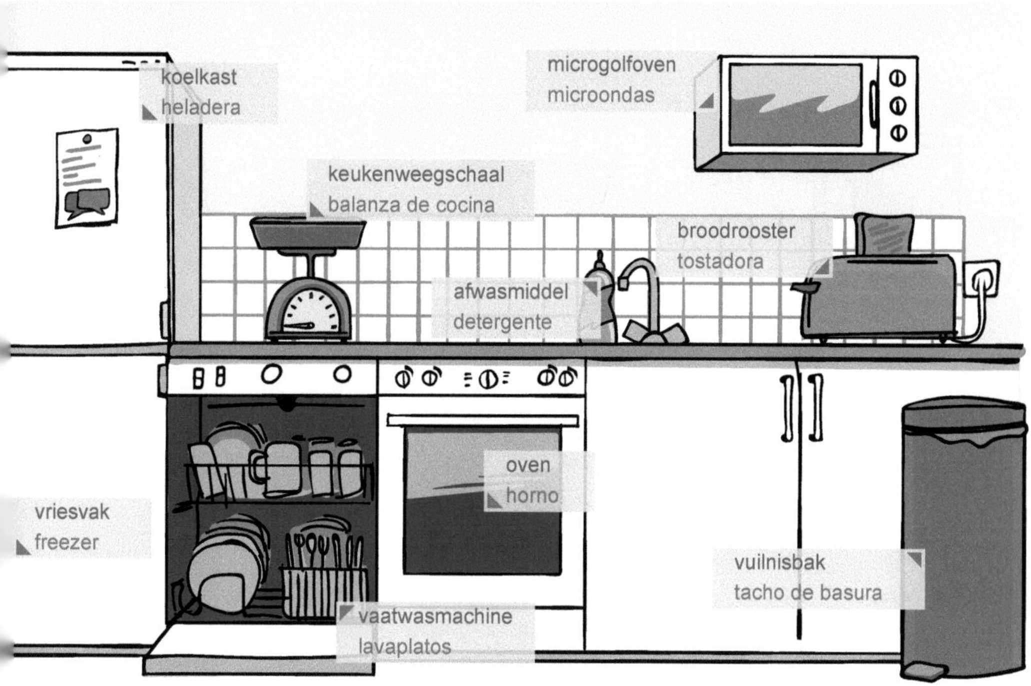

koelkast
heladera

microgolfoven
microondas

keukenweegschaal
balanza de cocina

broodrooster
tostadora

afwasmiddel
detergente

oven
horno

vriesvak
freezer

vuilnisbak
tacho de basura

vaatwasmachine
lavaplatos

fornuis
cocina

pot
olla

gietijzeren pot
olla de hierro fundido

wok / kadai
wok

pan
sartén

waterkoker
pava

stoomkoker

vaporera

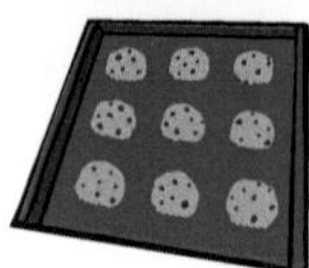

bakplaat

bandeja de horno

servies

vajilla

mok

taza

kom

bol

eetstokjes

palitos

pollepel

cucharón

spatel

estpátula

garde

batidora

vergiet

colador

zeef

colador

rasp

rallador

mortier

mortero

barbecue

parrilla

haardvuur

fogata

snijplank

tabla de picar

deegrol

palo de amasar

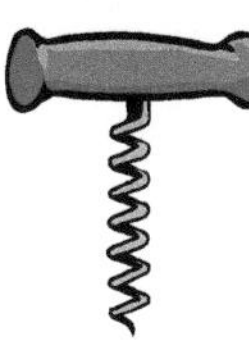

kurkentrekker

sacacorchos

blik

lata

blikopener

abrelatas

pannenlap

manopla

gootsteen

pileta

borstel

cepillo

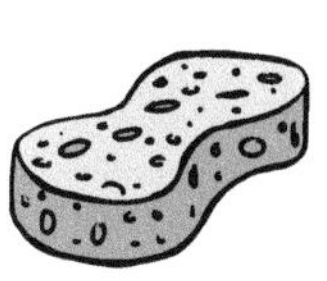

spons

esponja

blender

batidora

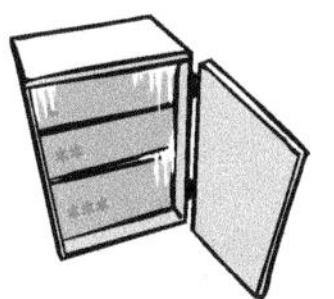

vriezer

congelador

papfles

mamadera

kraan

canilla

badkamer

baño

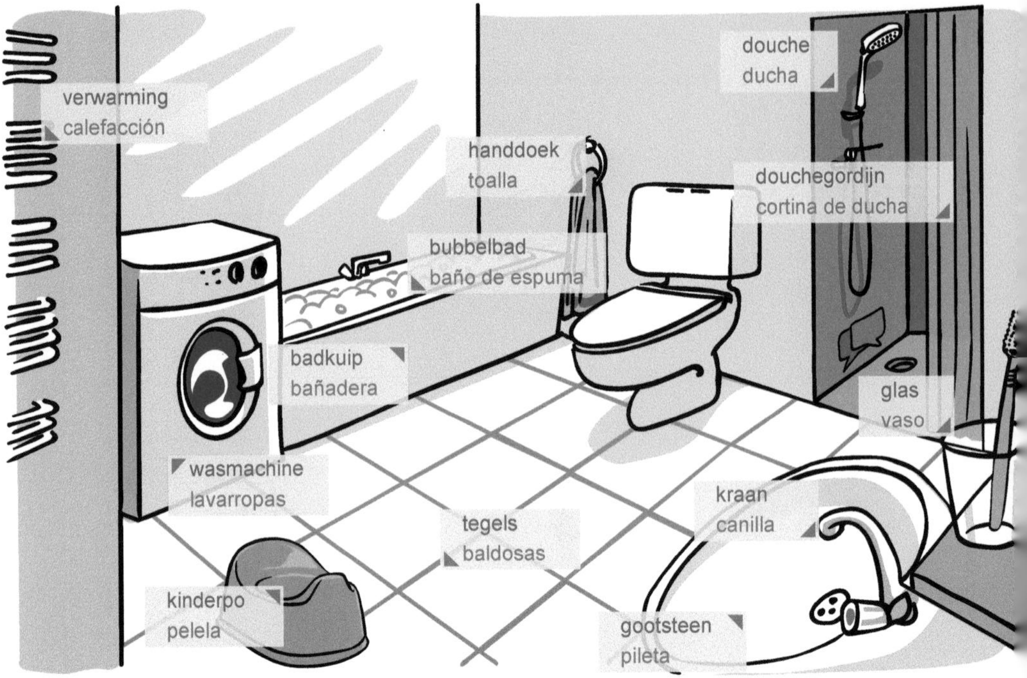

verwarming
calefacción

douche
ducha

handdoek
toalla

douchegordijn
cortina de ducha

bubbelbad
baño de espuma

badkuip
bañadera

glas
vaso

wasmachine
lavarropas

kraan
canilla

tegels
baldosas

kinderpo
pelela

gootsteen
pileta

toilet

inodoro

hurktoilet

letrina

bidet

bidé

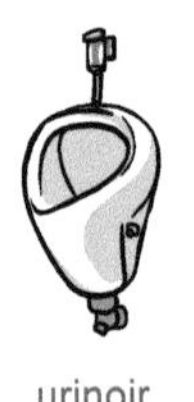

urinoir

mingitorio

toiletpapier

papel higiénico

toiletborstel

cepillo para el inodoro

tandenborstel

cepillo de dientes

tandpasta

dentífrico

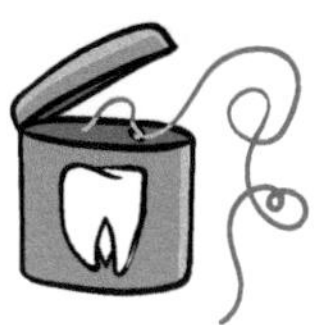

flosdraad

hilo dental

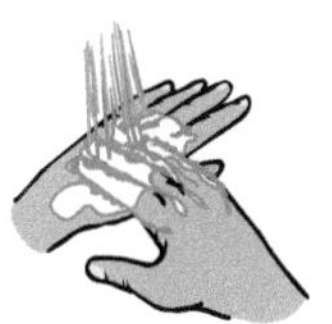

wassen

lavar

handdouche

ducha de mano

bidethanddouche

ducha higiénica

waskom

palangana

rugborstel

cepillo para espalda

zeep

jabón

douchegel

gel de ducha

shampoo

shampoo

washandje

toallita

afvoer

desagüe

crème

crema

deodorant

desodorante

spiegel

espejo

handspiegel

espejito

scheermes

maquinita de afeitar

scheerschuim

espuma de afeitar

aftershave

aftershave

kam

peine

borstel

cepillo

haardroger

secador de pelo

haarlak

spray

make-up

maquillaje

lippenstift

lápiz de labios

nagellak

esmalte para uñas

watten

algodón

nagelknipper

tijera para uñas

parfum

perfume

toilettas

portacosméticos

kruk

banqueta

weegschaal

balanza

badjas

bata

latex handschoenen

guantes de goma

tampon

tampón

maandverband

toallita femenina

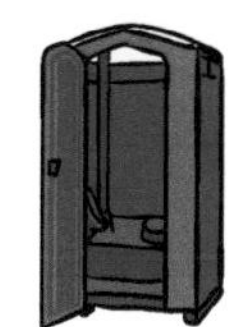

chemisch toilet

baño químico

kinderkamer

cuarto de los chicos

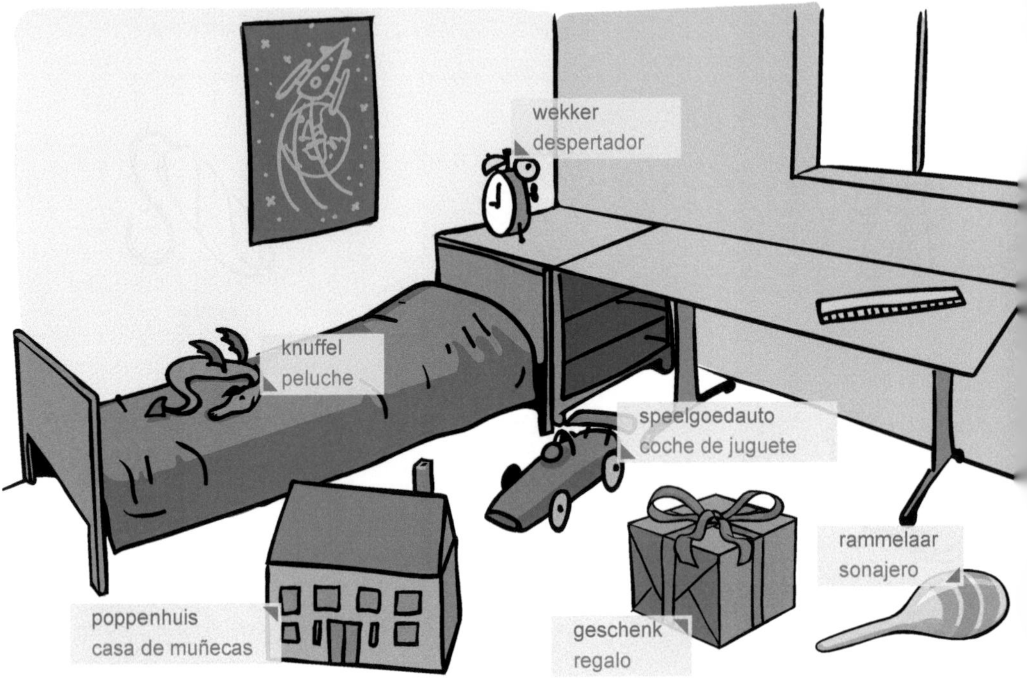

wekker
despertador
knuffel
peluche
speelgoedauto
coche de juguete
rammelaar
sonajero
poppenhuis
casa de muñecas
geschenk
regalo

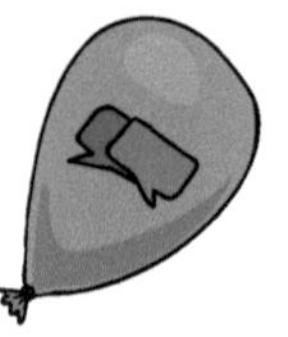

ballon

globo

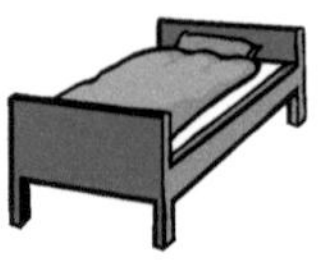

bed

cama

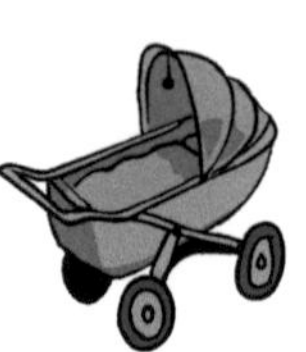

kinderwagen

cochecito

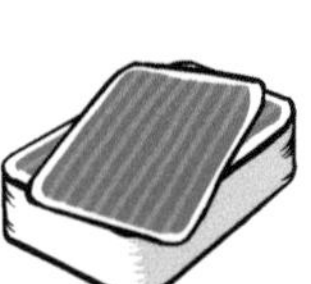

spel kaarten

cartas

puzzel

rompecabezas

SUPER MEGA

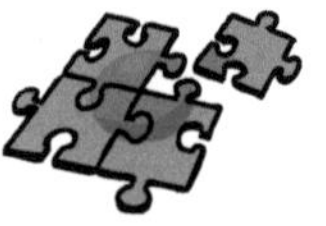

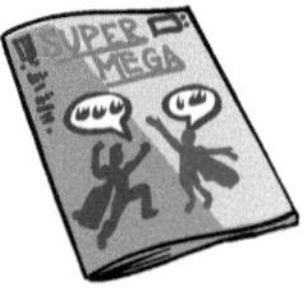

stripboek

historieta

legoblokjes

piezas de lego

blokken

ladrillos de juguete

actiefiguur

figura de acción

kruippakje

enterito (de bebé)

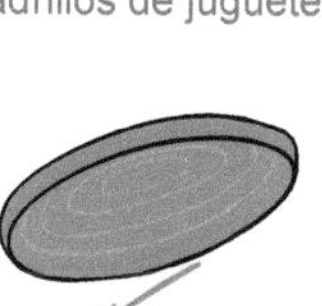

frisbee

frisbee

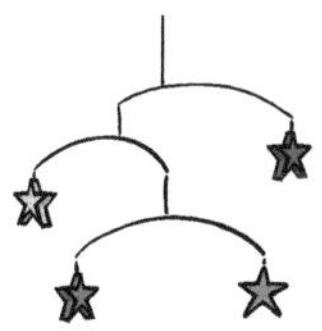

mobiel

móvil para bebés

bordspel

juego de mesa

dobbelsteen

dados

modelspoorweg

tren eléctrico

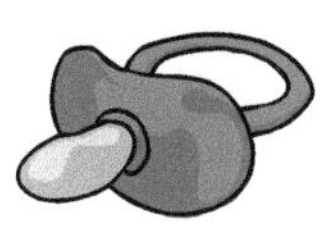

fopspeen

chupete

feest

fiesta

prentenboek

libro de cuentos ilustrado

bal

pelota

pop

muñeca

spelen

jugar

zandbak

arenero

schommel

hamaca

speelgoed

juguetes

spelconsole

consola de videojuegos

driewieler

triciclo

knuffelbeer

osito de peluche

kleerkast

armario

kleding
ropa

sokken

medias

kousen

medias panty

maillot

calzas

sjaal
bufanda

paraplu
paraguas

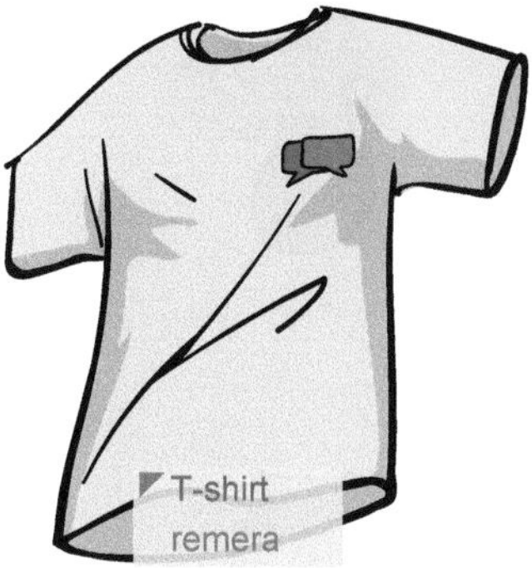

T-shirt
remera

riem
cinturón

laarzen
botas

slippers
pantuflas

sneakers
zapatillas

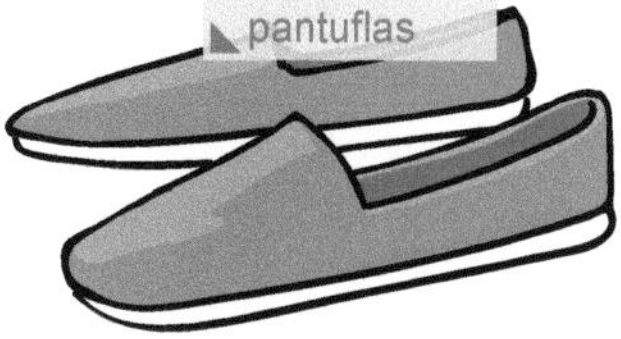

sandalen

sandalias

schoenen

zapatos

rubberlaarzen

botas de goma

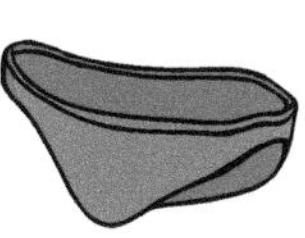

onderbroek

ropa interior

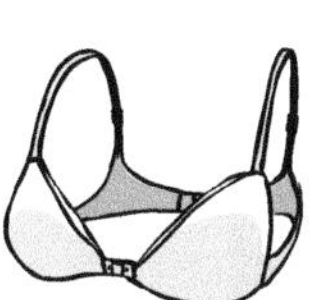

beha

corpiño

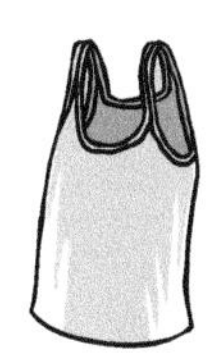

onderhemd

chaleco

lichaam

body

broek

pantalones

jeans

jeans

rok

pollera

blouse

blusa

hemd

camisa

trui

pulóver

capuchontrui

buzo

blazer

blazer

jas

campera

jas

tapado

regenjas

piloto

kostuum

traje

jurk

vestido

trouwjurk

vestido de novia

pak

traje

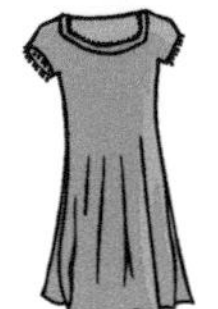

nachthemd

camisón

pyjama

pijama

sari

sari

hoofddoek

pañuelo para cabeza

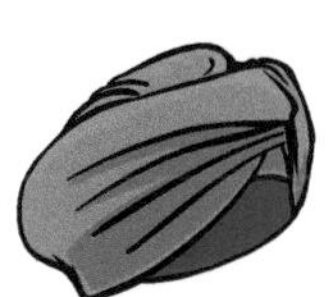

tulband

turbante

boerka

burka

kaftan

caftán

abaya

abaya

badpak

traje de baño

zwembroek

short de baño

short

shorts

trainingspak

jogging

schort

delantal

handschoenen

guantes

knoop

botón

bril

anteojos

armband

pulsera

ketting

collar

ring

anillo

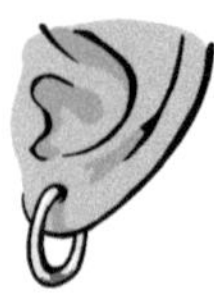

oorbel

aro

pet

gorra

kapstok

percha

hoed

sombrero

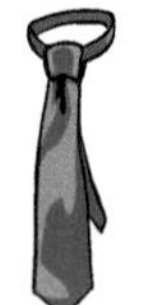

das

corbata

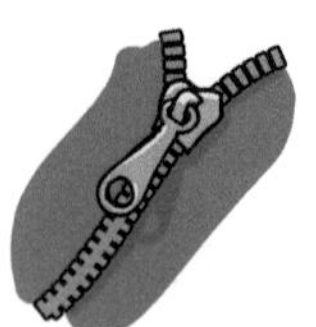

rits

cierre

helm

casco

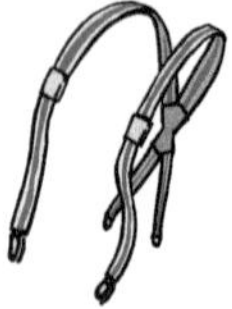

bretellen

tiradores

schooluniform

uniforme escolar

uniform

uniforme

slabbetje

babero

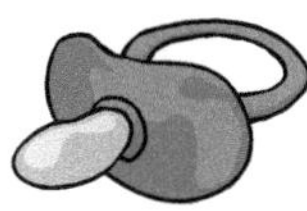

fopspeen

chupete

luier

pañal

kantoor

oficina

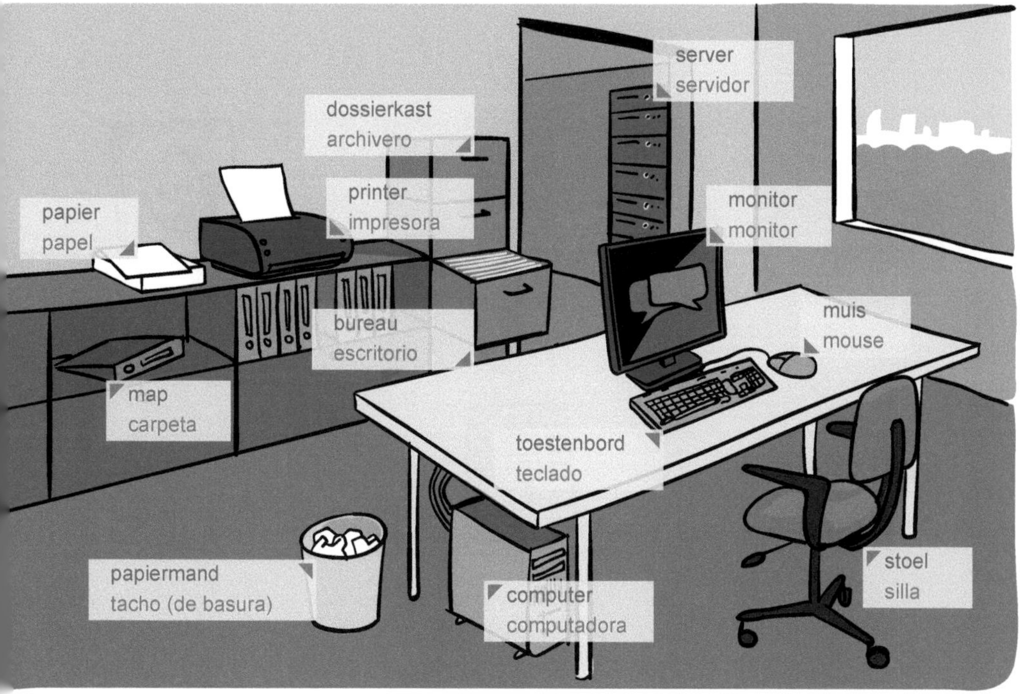

server
servidor

dossierkast
archivero

printer
impresora

papier
papel

monitor
monitor

muis
mouse

bureau
escritorio

map
carpeta

toestenbord
teclado

papiermand
tacho (de basura)

computer
computadora

stoel
silla

koffiemok

taza de café

rekenmachine

calculadora

internet

internet

laptop

laptop

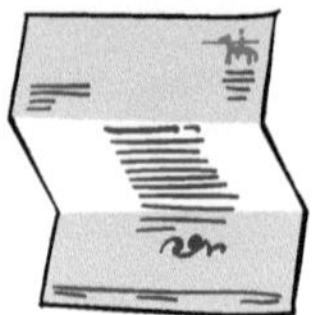

brief

carta

bericht

mensaje

gsm

celular

netwerk

red

kopieerapparaat

fotocopiadora

software

software

telefoon

teléfono

stopcontact

tomacorriente

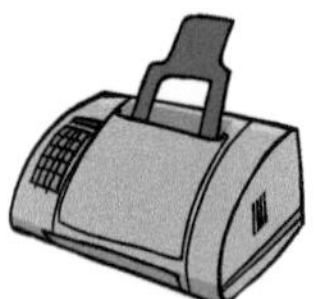

fax

fax

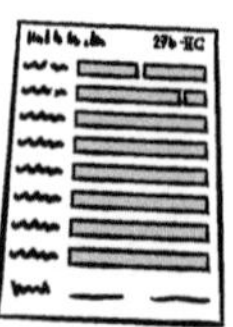

formulier

formulario

document

documento

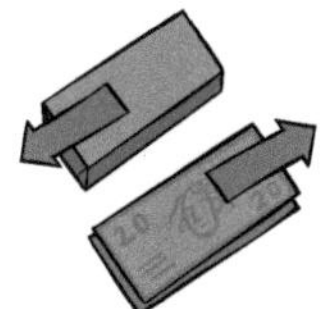

kopen

comprar

betalen

pagar

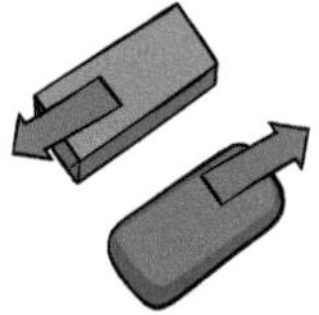

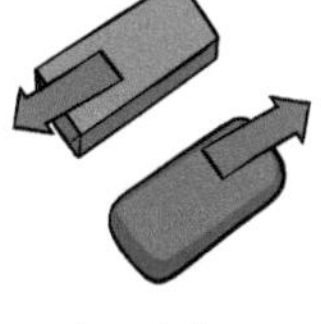

handelen

hacer negocios

geld

dinero

dollar

dólar

EUR

euro

euro

yen

yen

roebel

rublo

Zwitserse frank

franco suizo

Chinese renminbi

yuan

roepie

rupia

geldautomaat

cajero automático

wisselkantoor

casa de cambio

goud

oro

zilver

plata

olie

petróleo

energie

energía

prijs

precio

contract

contrato

belasting

impuesto

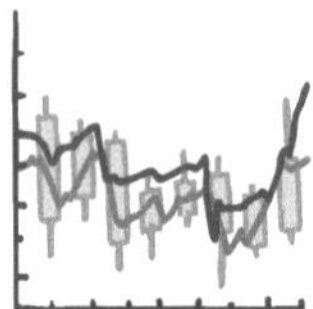

aandeel

acción

werken

trabajar

werknemer

empleado

werkgever

empleador

fabriek

fábrica

winkel

negocio

beroepen
ocupaciones

politieagent
policía

brandweerman
bombero

kok
cocinero

dokter
médico

piloot
piloto

tuinman
jardinero

timmerman
carpintero

naaister
modista

rechter
juez

chemicus
farmacéutico

acteur
actor

buschauffeur

colectivero

taxichauffeur

taxista

visser

pescador

schoonmaakster

mucama

dakdekker

techista

ober

mozo

jager

cazador

schilder

pintor

bakker

panadero

elektricien

electricista

bouwvakker

albañil

ingenieur

ingeniero

slager

carnicero

loodgieter

plomero

postbode

cartero

soldaat

soldado

architect

arquitecto

kassier

cajero

bloemist

florista

kapper

peluquero

conducteur

cobrador

mecanicien

mecánico

kapitein

capitán

tandarts

dentista

wetenschapper

científico

rabbijn

rabino

imam

imán

monnik

monje

geestelijke

sacerdote

werktuigen
herramientas

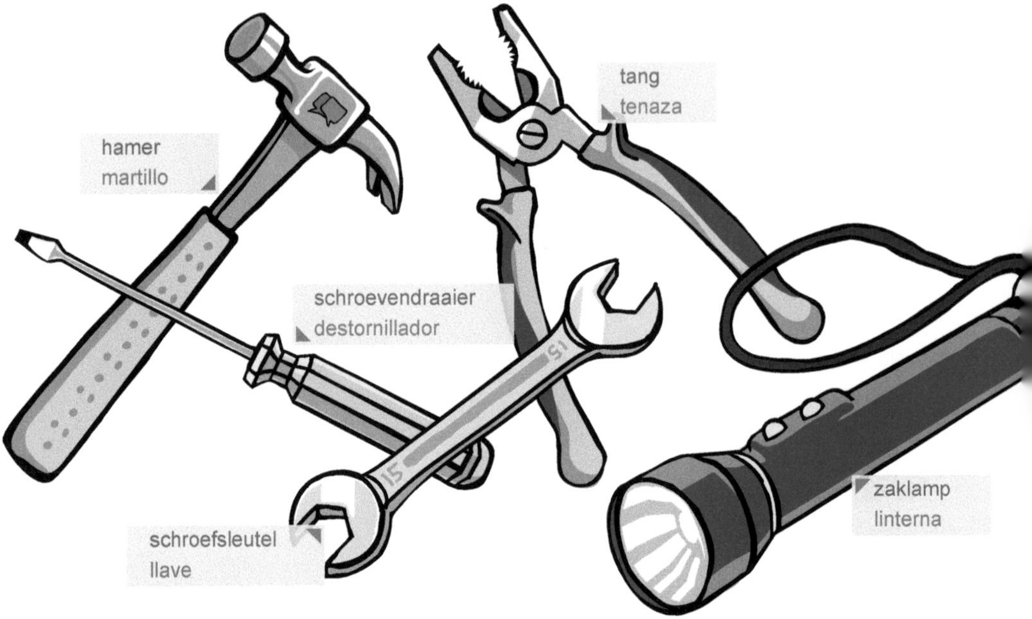

hamer
martillo

tang
tenaza

schroevendraaier
destornillador

schroefsleutel
llave

zaklamp
linterna

graafmachine
excavadora

gereedschapskoffer
caja de herramientas

ladder
escalera portátil

zaag
sierra

spijkers
clavos

boormachine
taladro

repareren

arreglar

schop

pala de jardín

Verdomme!

¡Qué bronca!

blik

pala de plástico

verfpot

tacho de pintura

schroeven

tornillos

muziekinstrumenten
instrumentos musicales

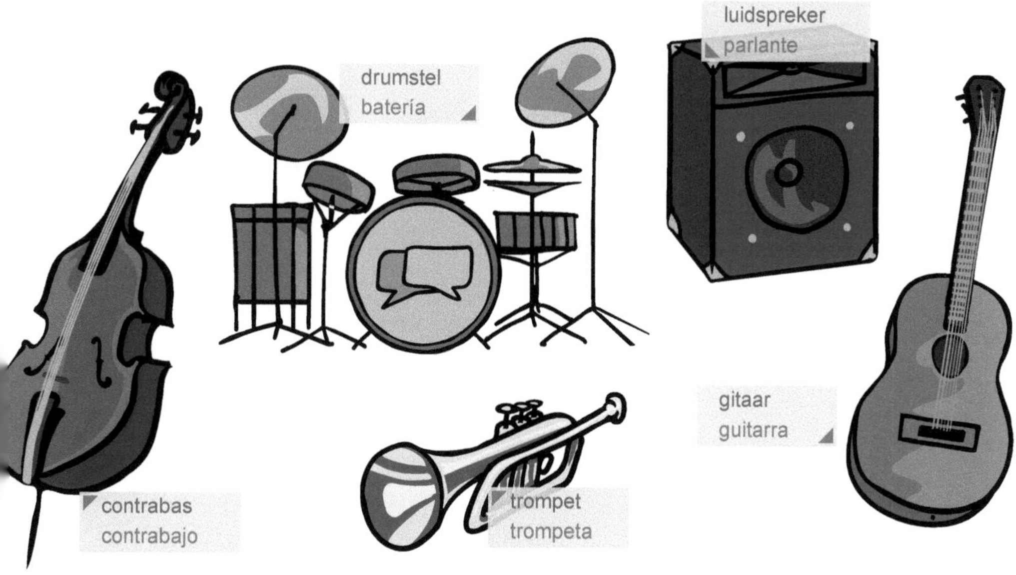

drumstel
batería

luidspreker
parlante

gitaar
guitarra

contrabas
contrabajo

trompet
trompeta

piano

piano

viool

violín

basgitaar

bajo

pauk

timbales

trommels

tambor

keyboard

teclado

saxofoon

saxofón

fluit

flauta

microfoon

micrófono

zoo
zoológico

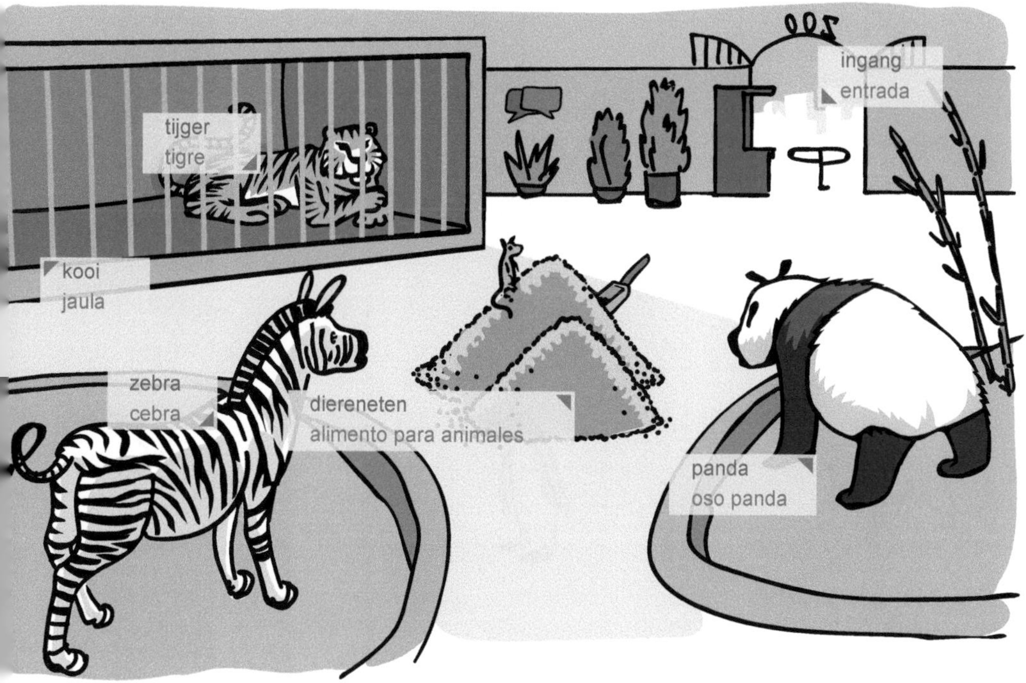

tijger
tigre

kooi
jaula

ingang
entrada

zebra
cebra

diereneten
alimento para animales

panda
oso panda

dieren
animales

olifant
elefante

kangoeroe
canguro

neushoorn
rinoceronte

gorilla
gorila

beer
oso

kameel

camello

struisvogel

avestruz

leeuw

león

aap

mono

flamingo

flamenco

papegaai

loro

ijsbeer

oso polar

pinguïn

pingüino

haai

tiburón

pauw

pavo real

slang

serpiente

krokodil

cocodrilo

dierenverzorger

cuidador del zoológico

zeehond

foca

jaguar

jaguar

pony

poni

luipaard

leopardo

nijlpaard

hipopótamo

giraffe

jirafa

adelaar

águila

wild zwijn

jabalí

vis

pescado

zeeschildpad

tortuga

walrus

morsa

vos

zorro

gazelle

gacela

sporten
deportes

activiteiten
actividades

springen
saltar

knuffelen
abrazar

lachen
reír

wandelen
caminar

zingen
cantar

dromen
soñar

bidden
rezar

kussen
besar

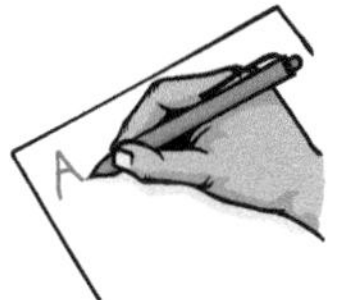

schrijven

escribir

tekenen

dibujar

tonen

mostrar

duwen

presionar

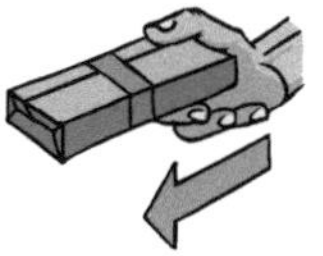

geven

dar

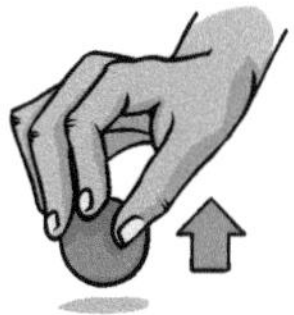

nemen

tomar

hebben

tener

doen

hacer

zijn

ser

staan

estar parado

lopen

correr

trekken

tirar

gooien

tirar

vallen

caer

liggen

estar acostado

wachten

esperar

dragen

llevar

zitten

estar sentado

aankleden

vestirse

slapen

dormir

ontwaken

despertar

kijken naar

mirar

wenen

llorar

aaien

acariciar

kammen

peinar

praten

hablar

begrijpen

entender

vragen

preguntar

luisteren

escuchar

drinken

beber

eten

comer

opruimen

ordenar

houden van

amar

koken

cocinar

rijden

manejar

vliegen

volar

zeilen

navegar

rekenen

calcular

Lezen

leer

leren

aprender

werken

trabajar

trouwen

casarse

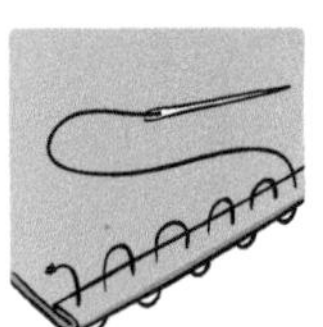

naaien

coser

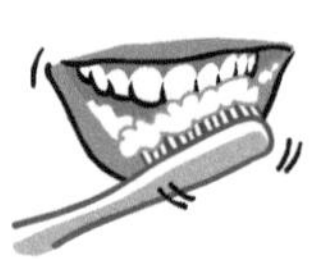

tandenpoetsen

cepillarse los dientes

doden

matar

roken

fumar

sturen

enviar

familie
familia

grootmoeder
abuela

grootvader
abuelo

vader
padre

moeder
madre

baby
bebé

dochter
hija

zoon
hijo

gast

invitado

tante

tía

oom

tío

broer

hermano

zus

hermana

lichaam

cuerpo

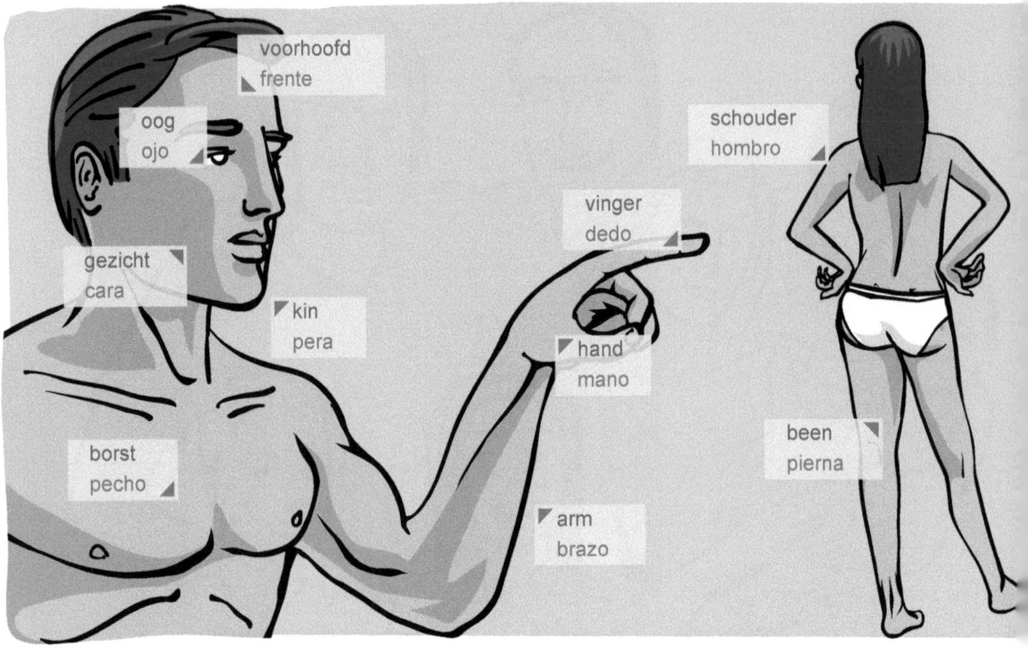

voorhoofd
frente

oog
ojo

schouder
hombro

vinger
dedo

gezicht
cara

kin
pera

hand
mano

borst
pecho

been
pierna

arm
brazo

baby
bebé

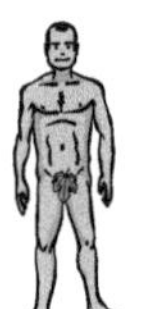

man
hombre

vrouw
mujer

meisje
nena

jongen
nene

hoofd
cabeza

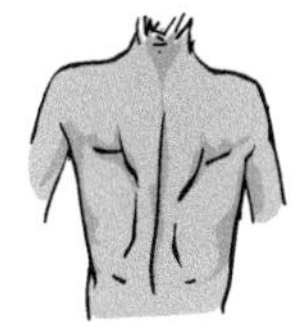

rug

espalda

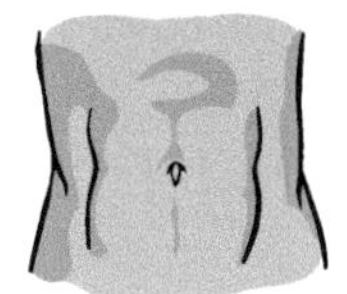

buik

panza

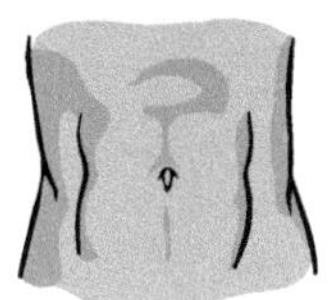

navel

ombligo

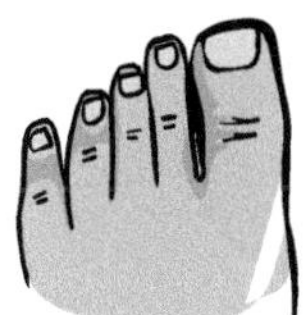

teen

dedo del pie

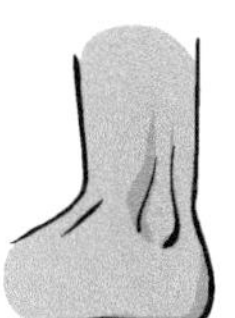

hiel

talón

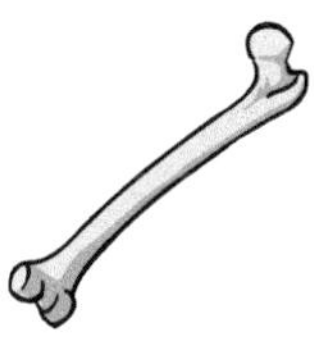

bot

hueso

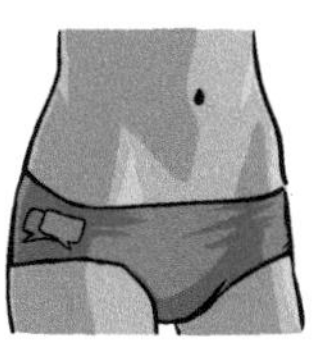

heup

cadera

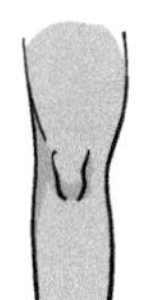

knie

rodilla

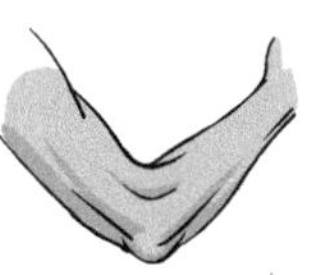

elleboog

codo

neus

nariz

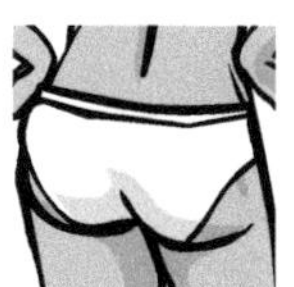

zitvlak

cola

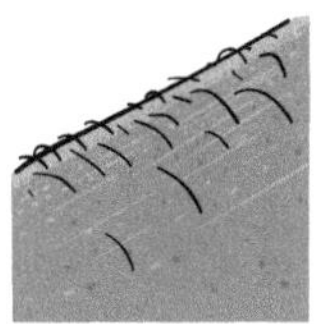

huid

piel

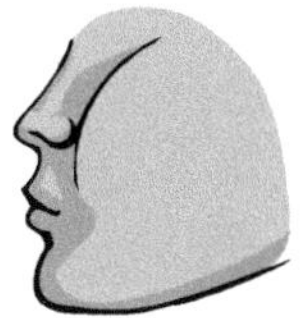

wang

cachete

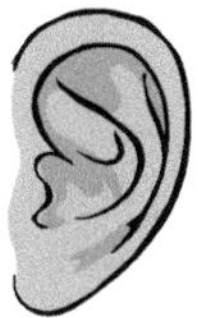

oor

oreja

lip

labio

mond

boca

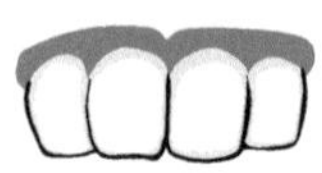

tand

diente

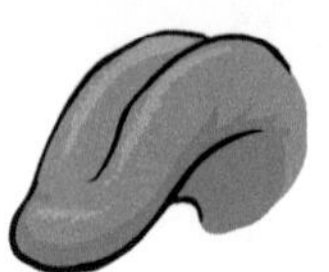

tong

lengua

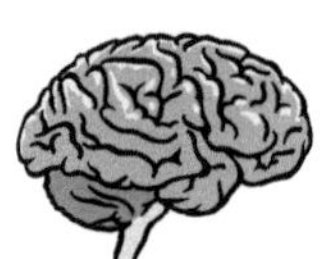

hersenen

cerebro

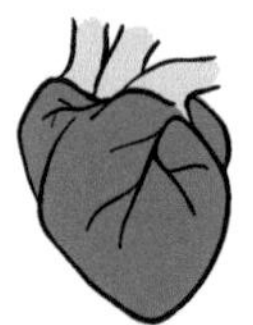

hart

corazón

spier

músculo

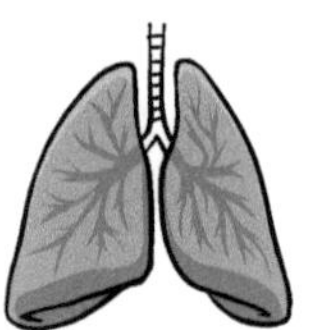

long

pulmón

lever

hígado

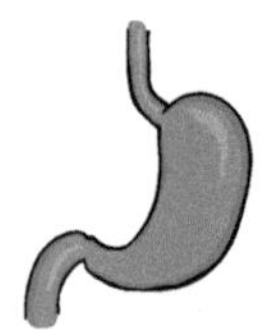

maag

estómago

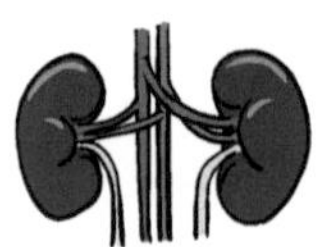

nieren

riñones

seks

sexo

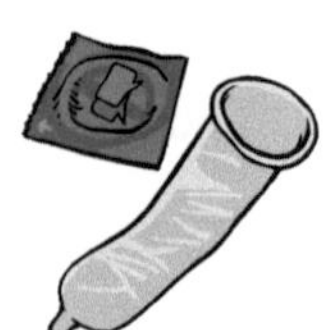

condoom

preservativo

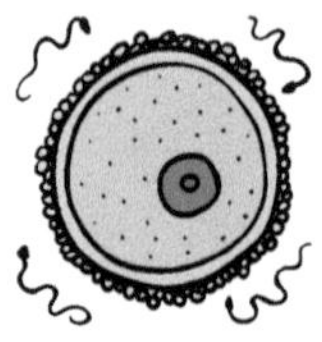

eicel

óvulo

sperma

semen

zwangerschap

embarazo

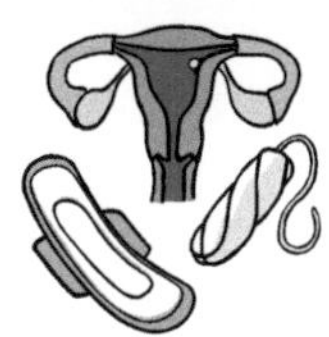

menstruatie

menstruación

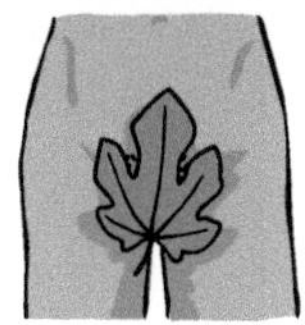

vagina

vagina

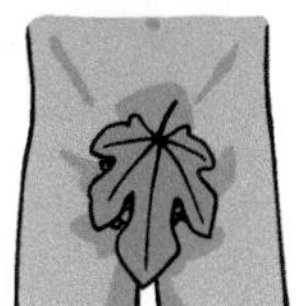

penis

pene

wenkbrauw

ceja

haar

pelo

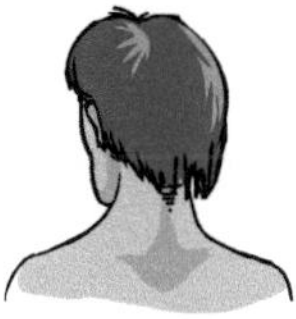

nek

cuello

ziekenhuis
hospital

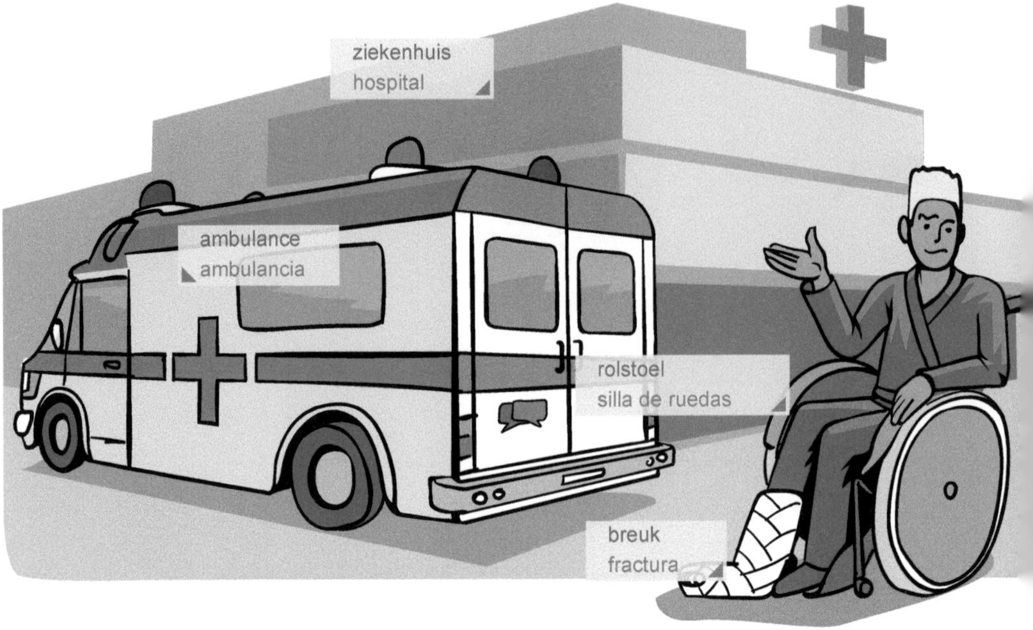

ziekenhuis
hospital

ambulance
ambulancia

rolstoel
silla de ruedas

breuk
fractura

dokter

médico

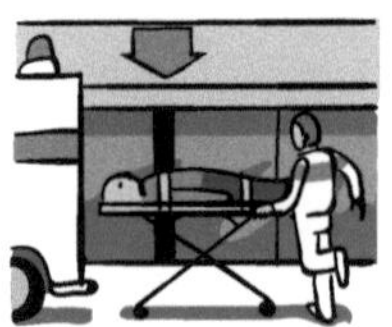

spoed

sala de guardia

verpleegkundige

enfermera

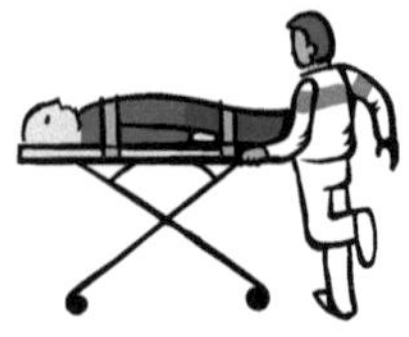

noodgeval

emergencia

bewusteloos

inconsciente

pijn

dolor

verwonding

lesión

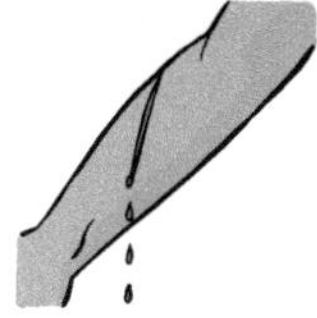

bloeding

hemorragia

hartaanval

infarto

beroerte

ACV

allergie

alergia

hoest

tos

koorts

fiebre

griep

gripe

diarree

diarrea

hoofdpijn

dolor de cabeza

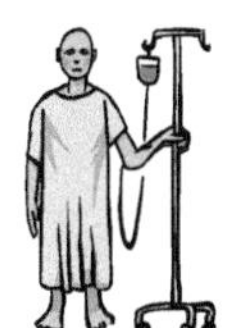

kanker

cáncer

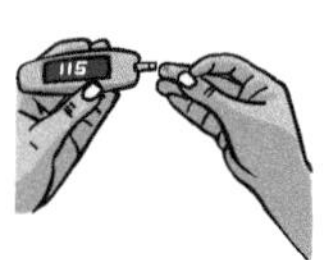

diabetes

diabetes

chirurg

cirujano

scalpel

bisturí

operatie

operación

CT

TC

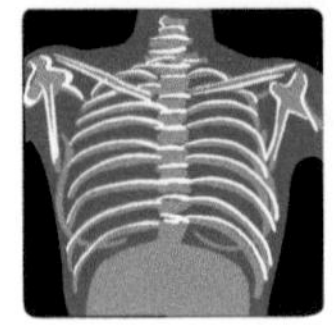

röntgenstraal

rayos x

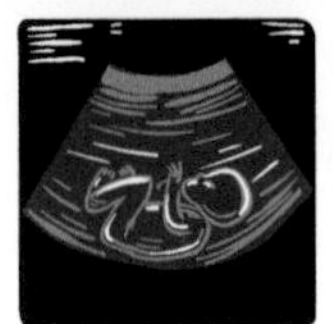

ultrageluid

ecografía

gezichtsmasker

barbijo

ziekte

enfermedad

wachtkamer

sala de espera

kruk

muleta

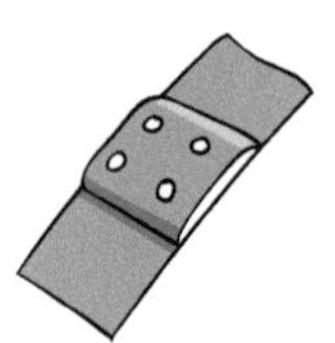

pleister

curita

verband

venda

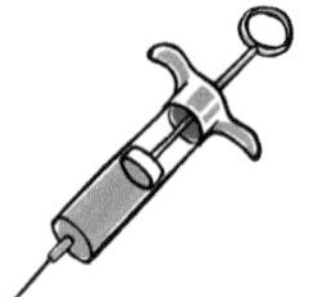

injectie

inyección

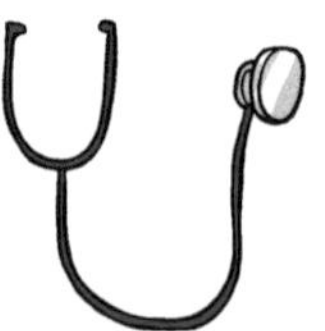

stethoscoop

estetoscopio

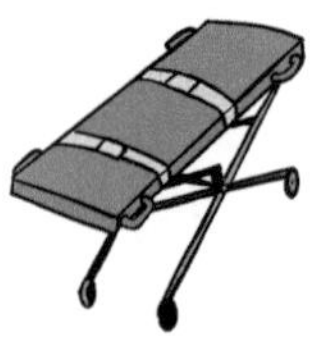

brancard

camilla

thermometer

termómetro

geboorte

nacimiento

overgewicht

sobrepeso

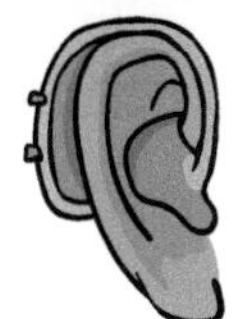

hoorapparaat

audífono

ontsmettingsmiddel

desinfectante

infectie

infección

virus

virus

HIV / AIDS

VIH / SIDA

medicijn

remedio

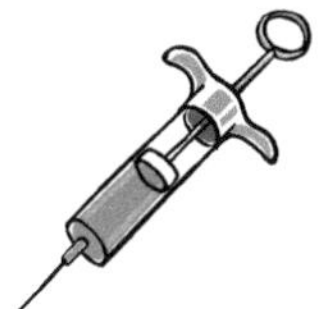

vaccinatie

vacunación

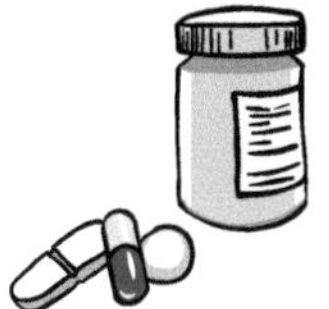

tabletten

comprimidos

pil

pastilla anticonceptiva

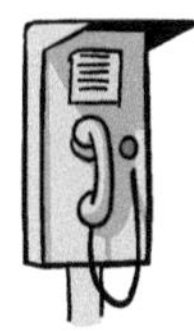

noodoproep

llamada de emergencia

bloeddrukmeter

tensiómetro

ziek / gezond

enfermo / sano

noodgeval
emergencia

Help!

¡Ayuda!

alarm

alarma

overval

agresión

aanval

ataque

gevaar

peligro

nooduitgang

salida de emergencia

Brand!

¡Fuego!

brandblusser

matafuego

ongeval

accidente

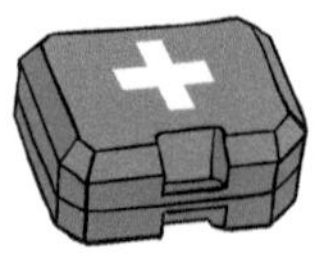

EHBO-kit

botiquín de primeros auxilios

SOS

SOS

politie

policía

Europa
Europa

Noord-Amerika
América del Norte

Zuid-Amerika
América del Sur

Afrika
África

Azië
Asia

Australië
Australia

Atlantische Oceaan
Atlántico

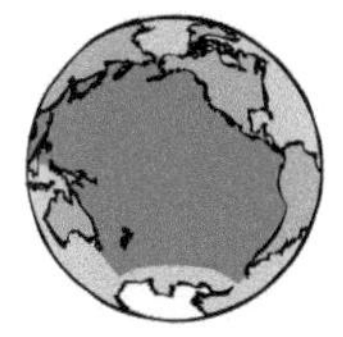

Stille Oceaan
Pacífico

Indische Oceaan
Océano Índico

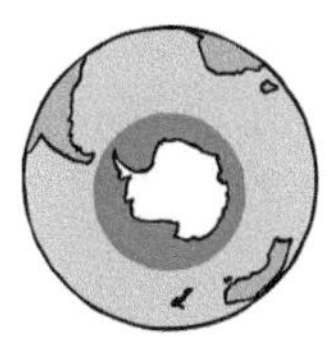

Antarctische Oceaan
Océano Antártico

Arctische Oceaan
Océano Ártico

Noordpool
polo norte

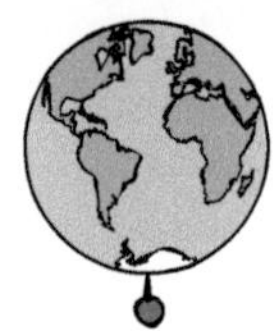

Zuidpool

polo sur

Antarctica

Antártida

aarde

Tierra

land

tierra

zee

mar

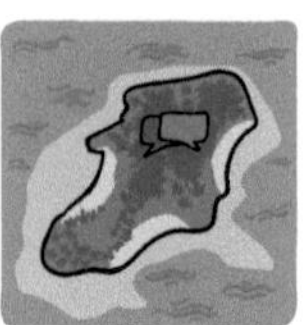

eiland

isla

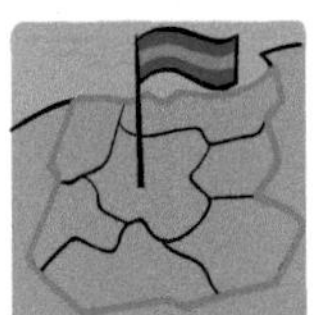

natie

nación

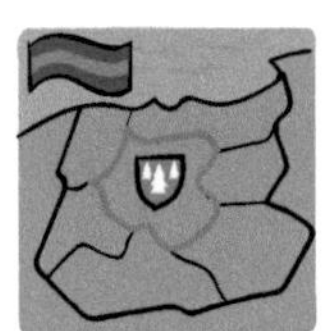

staat

estado

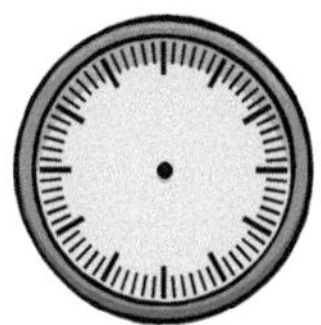

wijzerplaat

esfera

uurwijzer

manecilla de las horas

minuutwijzer

minutero

secondewijzer

segundero

Hoe laat is het?

¿Qué hora es?

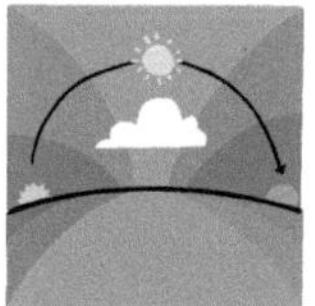

dag

día

tijd

hora

nu

ahora

digitale horloge

reloj digital

minuut

minuto

uur

hora

week

semana

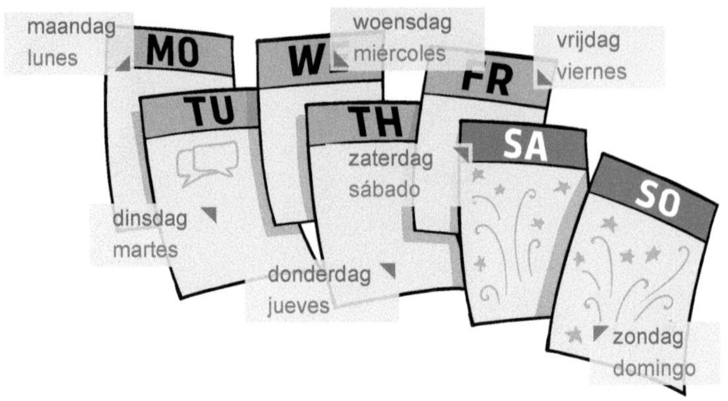

gisteren

ayer

vandaag

hoy

morgen

mañana

ochtend

mañana

middag

mediodía

avond

tarde

MO	TU	WE	TH	FR	SA	SU
1	2	3	4	5	6	7
8	9	10	11	12	13	14
15	16	17	18	19	20	21
22	23	24	25	26	27	28
29	30	31	1	2	3	4

werkdagen

días hábiles

MO	TU	WE	TH	FR	SA	SU
1	2	3	4	5	6	7
8	9	10	11	12	13	14
15	16	17	18	19	20	21
22	23	24	25	26	27	28
29	30	31	1	2	3	4

weekend

fin de semana

jaar
año

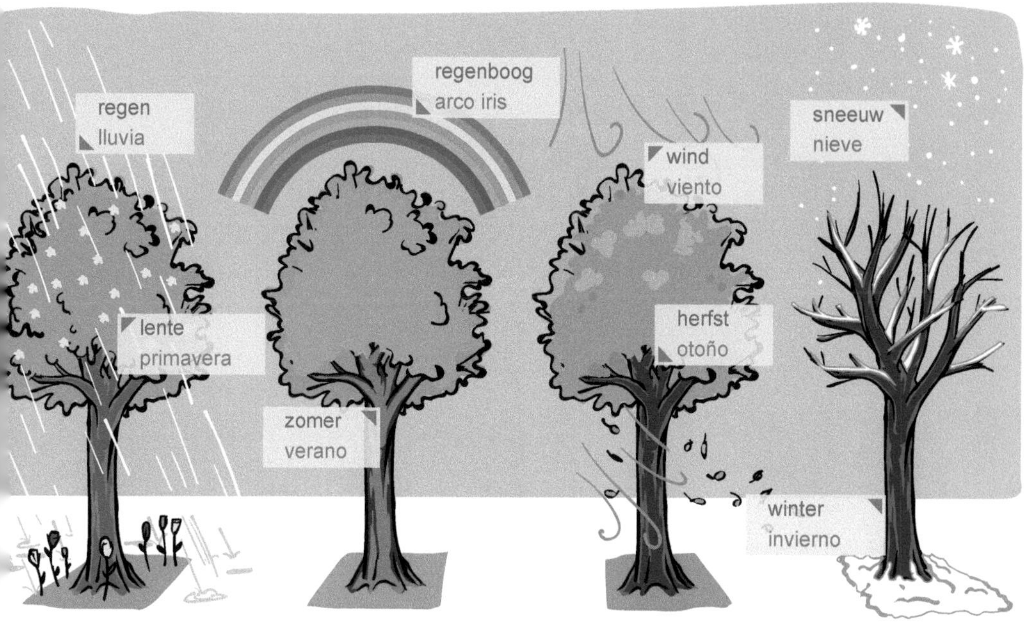

regen
lluvia
regenboog
arco iris
sneeuw
nieve
wind
viento
lente
primavera
herfst
otoño
zomer
verano
winter
invierno

4.APRIL 11°
5.APRIL 4°
6.APRIL 13°
7.APRIL 8°
8.APRIL 10°

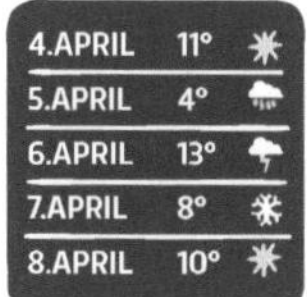

weervoorspelling

ronóstico meteorológico

F
C
120
90
60
30
0
-30
40
30
20
10
0
-10
-20

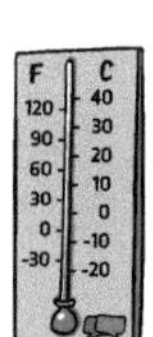

thermometer

termómetro

zonneschijn

luz del sol

wolk

nube

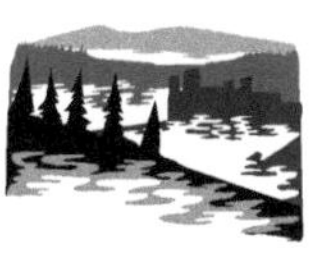

mist

niebla

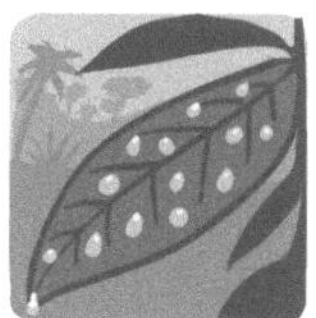

vochtigheid

humedad

bliksem

rayo

donder

trueno

storm

tormenta

hagel

granizo

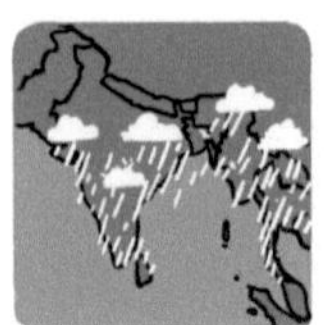

moesson

monzón

overstroming

inundación

ijs

hielo

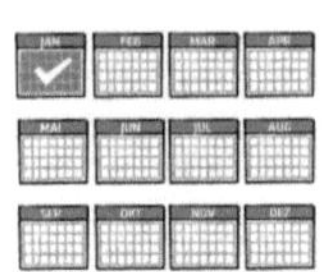

januari

enero

februari

febrero

maart

marzo

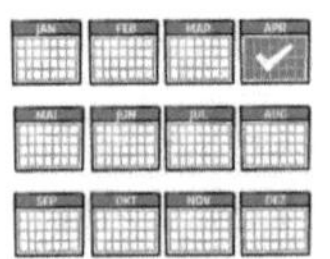

april

abril

mei

mayo

juni

junio

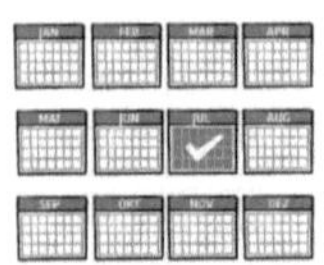

juli

julio

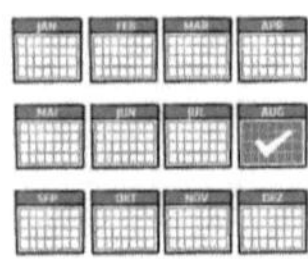

augustus

agosto

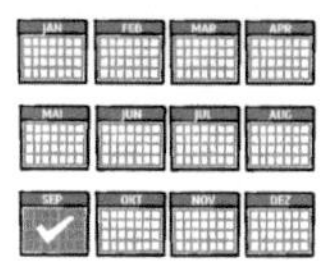

september

septiembre

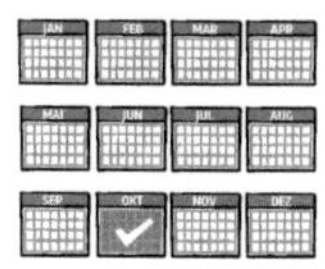

oktober

octubre

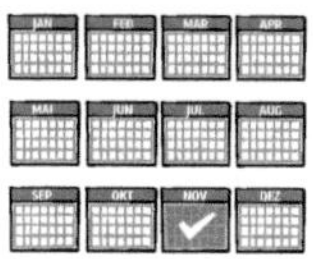

november

noviembre

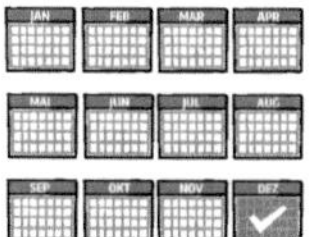

december

diciembre

vormen
formas

cirkel

círculo

kwadraat

cuadrado

rechthoek

rectángulo

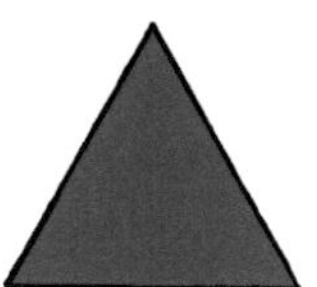

driehoek

triángulo

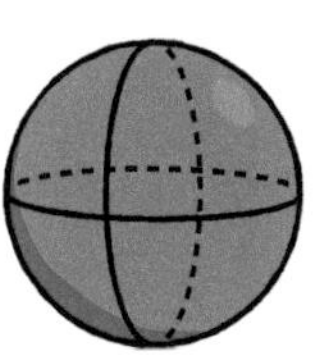

bol

esfera

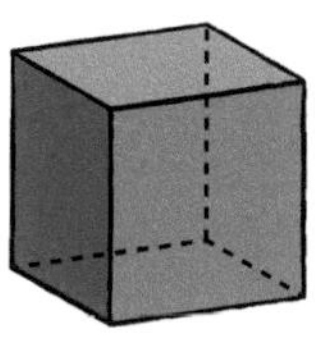

kubus

cubo

kleuren

colores

wit

blanco

geel

amarillo

oranje

naranja

roze

rosa

rood

rojo

paars

violeta

blauw

azul

groen

verde

bruin

marrón

grijs

gris

zwart

negro

veel / weinig
mucho / poco

boos / kalm
enojado / tranquilo

mooi / lelijk
lindo / feo

begin / einde
principio / fin

groot / klein
grande / chico

licht / donker
claro / oscuro

broer / zus
hermano / hermana

proper / vuil
limpio / sucio

volledig / onvolledig
completo / incompleto

dag / nacht
día / noche

dood / levend
muerto / vivo

breed / smal
ancho / angosto

eetbaar / oneetbaar

comestible / no comestible

kwaadaardig / vriendelijk

malo / amable

opgewonden / verveeld

entusiasmado / aburrido

dik / dun

gordo / flaco

eerst / laatst

primero / último

vriend / vijand

amigo / enemigo

vol / leeg

lleno / vacío

hard / zacht

duro / blando

zwaar / licht

pesado / liviano

honger / dorst

hambre / sed

ziek / gezond

enfermo / sano

illegaal / legaal

ilegal / legal

intelligent / dom

inteligente / estúpido

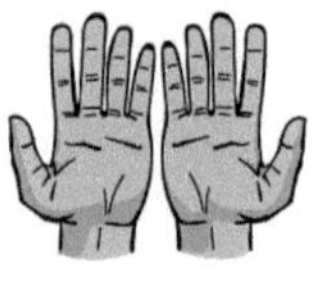

links / rechts

izquierda / derecha

dichtbij / veraf

cerca / lejos

nieuw / gebruikt

nuevo / usado

niets / iets

nada / algo

oud / jong

viejo / joven

aan / uit

encendido / apagado

open / dicht

abierto / cerrado

stil / luid

silencioso / ruidoso

rijk / arm

rico / pobre

juist / fout

correcto / incorrecto

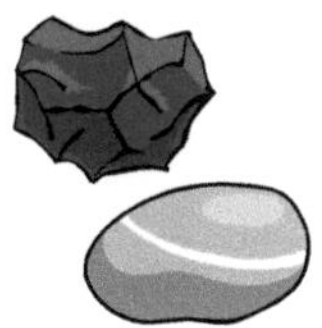

ruw / glad

áspero / suave

droevig / blij

triste / contento

kort / lang

corto / largo

traag / snel

lento / rápido

nat / droog

mojado / seco

warm / koud

caliente / frío

oorlog / vrede

guerra / paz

cijfers
números

0	1	2
nul / cero	één / uno	twee / dos
3	4	5
drie / tres	vier / cuatro	vijf / cinco
6	7	8
zes / seis	zeven / siete	acht / ocho
9	10	11
negen / nueve	tien / diez	elf / once

12	13	14
twaalf	dertien	veertien
doce	trece	catorce
15	**16**	**17**
vijftien	zestien	zeventien
quince	dieciséis	diecisiete
18	**19**	**20**
achtien	negentien	twintig
dieciocho	diecinueve	veinte
100	**1.000**	**1.000.000**
honderd	duizend	miljoen
cien	mil	millón

Talen
idiomas

Engels

inglés

Amerikaans Engels

inglés americano

Chinees (Mandarijn)

chino mandarín

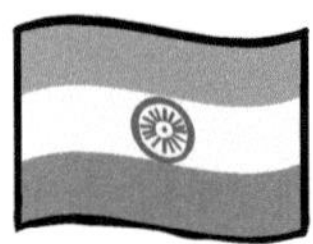

Hindi

hindi

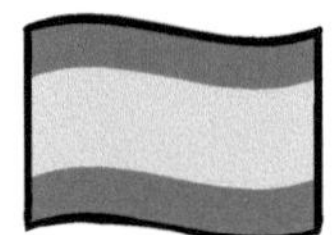

Spaans

español

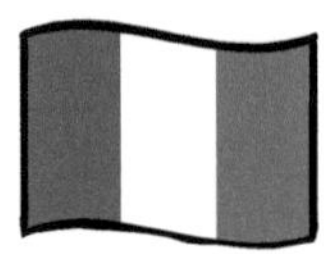

Frans

francés

Arabisch

árabe

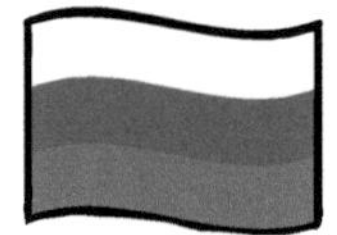

Russisch

ruso

Portugees

portugués

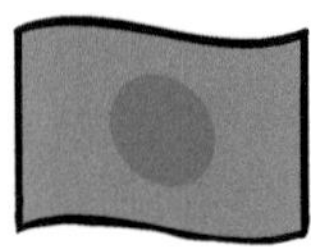

Bengali

bengalí

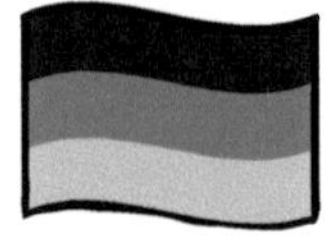

Duits

alemán

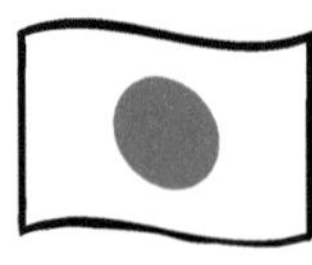

Japans

japonés

wie / wat / hoe

quién / qué / cómo

ik

yo

u

vos

hij / zij / het

él / ella

wij

nosotros

u

ustedes

ze

ellos

wie?

¿quién?

wat?

¿qué?

hoe?

¿cómo?

waar?

¿dónde?

wanneer?

¿cuándo?

naam

nombre

waar
dónde

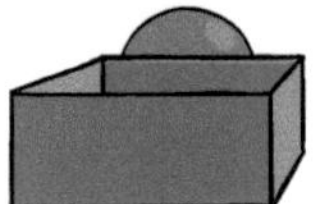

achter

detrás

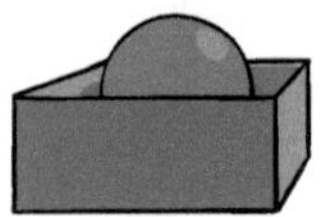

in

en

voor

adelante de

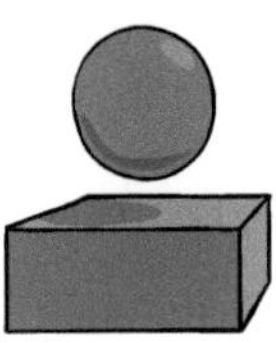

boven

por encima de

op

sobre

onder

debajo de

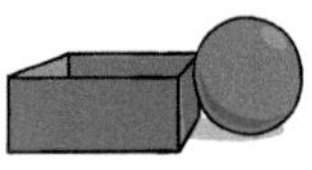

naast

al lado de

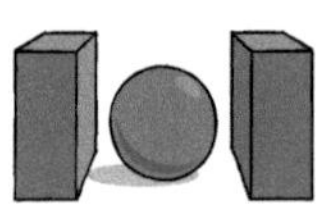

tussen

entre

plaats

lugar